書下ろし

大人の漢字力

やくみつる 監修

祥伝社黄金文庫

本書は祥伝社黄金文庫のために書き下ろされました。

はじめに

皆さん、日頃忠実《まめ》に漢字を書いていますか？　打って変換するばかりで、気付いたら殆《ほとん》ど書いていないのではないでしょうか。それでは文字が書けるようになってから兀々《こつこつ》と身につけてきた漢字も多くが失われてしまいます。いざ書く段になり、アレ？どんな字だったっけ、という思いも一度や二度ではないでしょう。

そんな漢字能力の「骨粗鬆化《こつそしょうか》」が進行中の皆さんのために編まれたのが本書です。舐《な》めてかからず、先《ま》ず自分が如何に忘れてしまっているかを確認することが漢字筆記上達、延《ひ》いては漢字検定上級挑戦への第一歩と言えます。

そこで、前書きでいきなり骨《こつ》を伝授します(物事の奥義、要諦などを意味する「コツ」も実は「骨」と書きます)。

本書の設問を解いてゆく中で判明した「知らなかった漢字」「うろ覚えだった漢字」は直ちに実生活の中で書いて使うことです。ここで冒頭の部分に話が繋《つな》がるんですが、書くことによってより確実にその漢字は頭と手に刷り込まれていきます。

実はこの前書きの文章はコクヨの原稿用紙に鉛筆で書いています。これに限らず、新聞や雑誌に寄せるコラムやエッセーの類《たぐい》も私はすべて、未《いま》だに手書きです。このことが随分と己の漢字能力の維持向上に役立っていると申せます。でないと「繫」という字の左上のゴチャゴチャした部分、どう書くのだったっけ、となりがち。日頃から書いて使っていれば、スンナリいけます。

けれど、日常生活でそうしょっちゅう記憶の当落線上にある漢字を書く機会もないと仰《おっしゃ》る向きには、漢字上達帳を一冊、御用意されることをお奨めします。

当然、其処《そこ》に書いて覚える作業となるわけですが、その際に屢々《しばしば》、無闇矢鱈《むやみやたら》と繰り返し書くことで覚え込もうとする方がいる。

遺憾　遺憾　遺憾　遺憾　遺憾　遺憾　遺憾　遺憾　遺憾　遺憾　遺憾　遺憾　遺憾
遺憾　遺憾　遺憾　遺憾　遺憾　遺憾　遺憾　遺憾　遺憾　遺憾　遺憾……

このように只管《ひたすら》書きまくって覚えるやり方はいかにも効率が悪く、しかも意外に頭に入って来ないもの。数を書いたことで覚えた気になり、寧《むし》ろ危険です。

やはり漢字は実使用で覚える。これは書く際にも通用します。

「イカン」が書けず遺憾に存じます。

即席で短文を拵《こしら》え、その中に覚えるべき漢字を織り交ぜる。こうすることで、言葉の意味と漢字を強く刻み込むことができます。
更に貪欲《どんよく》に漢字を覚えていきたいと志《こころざ》す方には、短文作成の際、少々強引にでも同音異義語を打《ぶ》ち込む手もあります。

自衛隊のイカンのイカンが今やイカンを呈したかつてのイカンを眺め、イカンながらイカンともし難く、対処の権限をイカンした。

これで七種のイカンが身につきます。まずはコレを解いてみてくださいナ（一つ、二つ目は順不同です）。

やく敬白

（右の答え　医官、尉官、異観、偉観、遺憾、如何、移管）

目次

イラスト／やくみつる
本文装丁／山田麻由子

本書の使い方と漢検ガイド

現代人の教養としての漢字

現代の社会人には、教養としての漢字が欠かせません。漢字に強いだけで、「あいつはできるな」などと一目置かれたりすることも多いようです。逆に、漢字を間違って書いたばかりに大恥をかくことも。パソコンが普及した現代においても、漢字の習得は必須です。

漢字を学びながら、漢検にも合格！

昨今、漢字の本は数多くありますが、本書は、雑学としての漢字クイズ本とは一線を画し、問題を解き進めながら漢検準２級レベルの漢字力もつくように作られています。漢検準２級は、ほとんどの常用漢字（平成22年に新しく加わった常用漢字を除く）をカバーする級で、実生活には欠かせない漢字を扱っています。

ぜひ、最後まで食らいついて、『漢字王』を目指してください。

※「常用漢字」とは、「法令、公用文書、新聞、雑誌、放送など、一般の社会生活において、現代の国語を書き表す場合の漢字使用の目安」として国が定めている、二一三六字のことです。

本書の特徴と使い方

- 漢検の検定試験では、読み書きだけでなく、「部首」や「四字熟語」など、いろいろな出題分野の問題が出されます。本書は、一回につき一分野ずつ出題し、すべての出題分野を網羅する構成となっています。
- 間違えた問題はチェックボックスに☑して、あとで再チャレンジすることができます。
- すべての回に、同分野のおまけ問題がついています。
- 問題には難易度をつけているので、より難しい問題にチャレンジすることができます。
- 章と章との間に「ちょっと休憩」として漢字パズルを用意しています。

「漢検」で出題される出題分野

●漢字の読み・書き取り

いわゆる漢字の読み書きの問題です。「漢字の読み」には、主に準2級の配当漢字が、「書き取り」には、主に準2級から4級の配当漢字が出題されます。

例題1 ルールを遵守する。　答え1 じゅんしゅ

例題2 ツツシんで申し上げます。　答え2 謹

●部首

漢字の部首の部分を書く問題です。部首名ではなく、部首自体を答えるという点に注意します。次のような問題が出題されます。

◇次の漢字の部首を記せ。

例題3 赴　答え3 走

部首は、漢和辞典ごとに違いがある場合があります。「漢検」は、『漢検要覧 2～10級対応』（公益財団法人日本漢字能力検定協会発行）に収録された「部首一覧表と部首別の常用漢字」によるとされ、本書もそれに従っています。

◉**熟語の構成**

漢字を組み合わせた熟語には、その組み合わせ方に決まった型があります。その型はどれかを、選択肢の中から選ぶ問題です。

◉**四字熟語**

四字熟語では、二種類の問題が出題されます。一つは、四字熟語の中で空欄になっている漢字を選択肢の中から選び、漢字に直して書く問題で、もう一つは、提示された意味にふさわしい四字熟語を選ぶ問題です。

◉**対義語・類義語**

あとの選択肢の中から、対義語・類義語としてふさわしいものを選び、漢字に直して書く問題です。

◇次の対義語・類義語をあとから選び、漢字で記せ。

例題4（**対義語**）冒頭　**例題5**（**類義語**）了解

選択肢 なっとく・まつび

答え **4** 末尾　**5** 納得

◉**同音・同訓異字**

同じ音読み、または、同じ訓読みを持つ漢字を書き分ける問題です。

例題6 矛ジュンした話。　例題7 ジュン朴な人だ。　答え 6 盾　7 純

◉**送りがな**

カタカナになっている部分を、漢字一字と送りがなで書く問題です。主に４級配当漢字が出題されますが、準２級配当漢字も出題されます。

例題8 ふるさとがコイシイ。　答え 8 恋しい

◉**誤字訂正**

長めの文の中から誤字を探し、正しく書き直す問題です。正しい字と同じ読み方の漢字が、誤字として出題されます。

例題9 山頂からの悠大な景色に圧倒された。　答え 9 悠→雄

◆チャンスは年に三回！（個人受検の場合）いつでも勉強のチャンス！

一般向けの個人受検は、年三回（6月・10月・1月か2月）行われています。申し込み方法もいろいろあるので、詳しくは、公益財団法人日本漢字能力検定協会のウェブサイトを参照してください。

日本漢字能力検定のホームページ　http://www.kanken.or.jp/kanken/

第一章 ウォーミングアップ

まずは肩慣らし。比較的簡単な問題を集めました。
すべての出題分野を一回ずつ出題しています。
準2級ではどんな問題が出題されるのか確認しましょう。

難易度 ●○○

001 漢字の読み

次の――線の漢字の読みを答えなさい。

□1 雰囲気のいい店。

□2 花瓶を割る。

□3 表彰式を行う。

□4 蛇が嫌いだ。

□5 元の場所に戻す。

001 漢字の読み 答え

1 ふんいき
2 かびん
3 ひょうしょう
4 きら
5 もど

解説

1 答えを「ふいんき」と書かないように。「雰」は「気配・霧」という意味。

2 「瓶」は液体を入れる容器のこと。「漢字の読み」の問題として「鉄瓶《てつびん》」も出題されるので、覚えておくとよい。

3 「彰」は「明らかにする」という意味の漢字。「表彰」は、「功績や善行などを公にして、ほめたたえること」。

4 「嫌」には、「きら-う」「いや」という二つの訓読みがあるので、前後の部分から読み方を判断する。

5 「戻」の音読みは「レイ」。「返戻金《へんれいきん》」のように使う。

この漢字も読んでみよう

① 教諭　② 頻度　③ 感銘　④ 履歴
⑤ 解剖　⑥ 把握　⑦ 償う　⑧ 誓う

難易度 ●○○

002

部首

次の漢字の部首を答えなさい。

1 徹 □
2 遮 □
3 漆 □
4 朴 □
5 閥 □

前ページの答え

① きょうゆ
② ひんど
③ かんめい
④ りれき
⑤ かいぼう
⑥ はあく
⑦ つぐな
⑧ ちか

002 部首 答え

1 彳

2 辶

3 氵

4 木

5 門

解説

1「彳（ぎょうにんべん）」は、「行（ギョウ）」の左半分からできた部首。「行く・道」の意味を表す。

2「辶（しんにょう・しんにゅう）」は、「道を行く・進む」の意味。「逸」「還」「迅」「逝」「遷」「逐」「遁」「迭」「遍」も準2級配当の漢字。

3「氵（さんずい）」は、「水」が偏になったもの。「川の流れ・液体の状態」の意味を表す。

4「木（きへん）」は、「木」に関係する意味をもつ部首。

5 部首は「門（もんがまえ）」。同じ「門」の形を含む漢字でも、「問」の部首は「口」で、「聞」の部首は「耳」。

この漢字の部首も答えよう

①惰 ②駄 ③猶 ④礁

⑤撤 ⑥閑 ⑦宰 ⑧僕

難易度 ●○○

003 熟語の構成

あとの熟語は、次の熟語の構成ア～オのどれにあたるか。

ア 同じような意味の漢字を重ねたもの
イ 反対または対応の意味を表す字を重ねたもの
ウ 上の字が下の字を修飾しているもの
エ 下の字が上の字の目的語・補語になっているもの
オ 上の字が下の字の意味を打ち消しているもの

□1 超越
□2 盗塁
□3 無臭
□4 美醜
□5 楽譜

前ページの答え
① 忄 ② 馬 ③ 犭 ④ 石 ⑤ 扌 ⑥ 門 ⑦ 宀 ⑧ 亻

003 熟語の構成 答え

1 ア
2 エ
3 オ
4 イ
5 ウ

解説

1「超」も「越」も「こえる」という意味で、同じような意味の漢字の組み合わせ。

2 下から読むと「塁を盗む」。下の字「塁」が上の字「盗」の目的語・補語になっている。

3「臭いが無い」という意味で、「無」が「臭」を打ち消している。熟語の上の漢字が「不」「無」「未」「非」のとき、答えは**オ**と覚えておく。

4「美しい」と「醜い」で、上下の漢字は反対の意味。

5「音楽の譜面」のこと。上の字が下の字を修飾しているので、答えは**ウ**。

この熟語の構成も記号で答えよう

① 哀愁　② 慶弔　③ 墨汁　④ 殺菌
⑤ 公邸　⑥ 閑廷　⑦ 未来　⑧ 霊魂

難易度 ●○○

004 四字熟語

次の四字熟語について、あとの□のひらがなを漢字にして、□に入れなさい。また、下から意味を選んで記号を答えなさい。

□1 朝三□四

□2 七転八□

□3 危機一□

□4 厚顔無□

ち・とう・ぱつ・ぼ

ア 非常にずうずうしいこと。

イ 目先の利益にとらわれて、結局は同じだと気付かないこと。

ウ あと少しであやうくなりそうな状況にあること。

エ 大変な苦しみのこと。

前ページの答え

① ア ② イ ③ ウ ④ エ ⑤ ウ ⑥ エ ⑦ オ ⑧ ア

004
四字熟語
答え

1 暮・イ
2 倒・エ
3 髪・ウ
4 恥・ア

解説

1 猿たちに、えさを朝三つ夕方四つやろうと言ったら怒ったので、朝四つ夕方三つやろうと言ったら喜んだという故事から。「うまく人をだますこと」という意味もある。

2 「七」「八」は数が多いことを表し、何度も転げまわり倒れるほど苦しいことを意味する。「七転八起《しちてんはっき》」は別の意味の四字熟語。

3 「髪」を「発」としないように注意。「危機一髪」は、髪の毛一本ほどの差で危機に陥りそうな瀬戸際のこと。

4 「厚顔」も「無恥」も、ずうずうしく恥知らずなこと。「無恥」を「無知」としないように注意。

この四字熟語の□に入る漢字も答えよう

① 神《しん》出《しゅつ》□《き》没《ぼつ》
② □《かん》善《ぜん》懲《ちょう》悪《あく》
③ 狂《きょう》喜《き》乱《らん》□《ぶ》
④ 才《さい》色《しょく》□《けん》備《び》
⑤ 喜《き》□《ど》哀《あい》楽《らく》
⑥ 優《ゆう》□《じゅう》不《ふ》断《だん》

難易度 ●○○

005 対義語・類義語

次の言葉の対義語・類義語を□から選んで、漢字に直しなさい。

●対義語

□ 1 遠方

□ 2 裕福

●類義語

□ 3 忍耐

□ 4 頑健

がまん　きんりん　じょうぶ　ひんこん

前ページの答え

①鬼　②勧　③舞　④兼　⑤怒　⑥柔

005
対義語・類義語
答え

1 近隣
2 貧困
3 我慢
4 丈夫

解説

1「遠方」と「近隣」は、上の漢字が「遠」と「近」で反対の意味。

2「裕福」は「財産があり、生活が豊かなこと」。これと反対の言葉は「貧しくて生活に困ること」という意味の「貧困」。

3「忍耐」とは、苦しみや困難を耐え忍ぶ、つまり、「我慢」すること。「我慢」の「慢」は「漫」と区別して覚えておくこと。

4「頑健」は、「身体が丈夫で健康なこと」という意味なので、類義語は「丈夫」。

この熟語の対義語・類義語も漢字に直してみよう

①悲哀↕□　②進撃↕□　③熟睡＝□　④手本＝□

（あんみん・かんき・たいきゃく・もはん）

難易度 ●○○

006 同音・同訓異字

次の――線のカタカナを漢字に直しなさい。

1 私生活をユウ先する。 □
2 天然成分を含ユウする。 □
3 自然のホウ庫。 □
4 ホウ容力がある。 □
5 靴の中がムれる。 □
6 動物のムれ。 □

前ページの答え
① 歓喜
② 退却
③ 安眠
④ 模範

006 同音・同訓異字 答え

1 優
2 有
3 宝
4 包
5 蒸
6 群

解説

1「優先」は、他よりも先に扱うことなので、他よりまさるという意味の「優」。

2「含有」とは、成分や内容として含んでいること。「有」は「ある」という意味。

3「宝庫」は、もとは宝物などを入れておく蔵のことなので「宝」。「豊庫」としないように注意する。

4「包容力」とは、相手を包み込み受け入れる力のこと。

5「蒸」の訓読みは「むーす・むーれる・むーらす」。

6「群」は、形の似ている「郡」と書き間違えやすいので注意する。

この──線の部分も漢字で書いてみよう

① **テイ**寧な対応　② **テイ**抗力がつく
③ かぼちゃを**ニ**る　④ 顔が**ニ**ている

難易度 ●○○

007 誤字訂正

次の各文には間違って使われている同じ読みの漢字が一字ある。誤字と正しい漢字を答えなさい。

□1 経費削減のため社内研収を外部に委託することを検討している。

□2 宇宙開発における最先端の技術を応用して格新的な商品を提供する。

□3 けがのため出場選手登録を抹消された野球選手がチームに複帰する。

前ページの答え

① 丁
② 抵
③ 煮
④ 似

007 誤字訂正 答え

1 収→修
2 格→革
3 複→復

解説

1「収」は、「修」と音読みも訓読みも同じなので注意する。「修」には、人の行いを正しく整えるという意味があるので、この場合は「研修」だとわかる。

2「革新」とは、古くからの組織や考え方などを新しくしようとすること。「革」には、「あらためる」という意味がある。

3「複」と「復」は間違えやすいが、意味の違いを理解していれば、使い分けは容易である。「複」は「重なる」、「復」は「戻る」という意味。「復帰」は、もとの状態に戻ること。

この文の誤字も直してみよう

① 貴調な体験をする
② 家具を所分する
③ ペットを試育する
④ 現場で取在する

008 送りがな

難易度 ●○○

次の――線のカタカナを漢字一字と送りがな（ひらがな）に直しなさい。

□1 付け入るすきをアタエない。

□2 タガイに許し合う。

□3 心をコメル。

□4 昼食後はネムタクなる。

□5 風景をエガク。

前ページの答え

① 調→重
② 所→処
③ 試→飼
④ 在→材

008 送りがな 答え

1 与え
2 互い
3 込める
4 眠たく
5 描く

解説

1「送りがな」の問題は、言い切りの形で出題されるとは限らない。ここでは「アタエ」がカタカナなので、「与える」と、「る」まで書かないように注意する。
2 名詞には送りがなをつけないのが原則だが、「互い」は例外の一つで、最後の音「い」を送る。
3「混」にも「こ-む」の訓読みがあるが、「こ-める」の読みはない。区別して覚えること。
4「寝むたく」としないように注意する。
5「描く」の活用語尾は「く」。活用する言葉は、活用語尾を送るのが原則なので、送りがなは「く」。

この——線の部分も漢字と送りがなで書いてみよう

① 生命が**ヤドル**
② 色が**チガウ**
③ 荷物を**アズケル**
④ 体が**ツカレル**

難易度 ●○○

009 漢字の書き取り

次の――線のカタカナを漢字に直しなさい。

□1 新人をカンゲイする。

□2 ゲンカンのドアを開ける。

□3 コウキシンが強い。

□4 口笛をフく。

□5 アマいみかん。

前ページの答え

① 宿る
② 違う
③ 預ける
④ 疲れる

009
漢字の書き取り
答え

1 歓迎
2 玄関
3 好奇心
4 吹
5 甘

解説

1 「歓」は「よろこぶ」という意味の漢字。「観」「勧」など、似た形の漢字があるので注意する。

2 「玄関」は、もとは「玄妙な道に入る関門」という意味の禅の言葉。その後、建物や住居の正面の入り口を指す言葉となった。

3 「好奇心」とは、珍しいことや未知のことなどに対する興味のこと。

4 「吹く」には、同訓異字の「噴く」があるので、使い分けに注意する。

5 漢字の形を「甘」としないように注意する。

この――線の部分も漢字で書いてみよう

① 選手を**オウエン**する ② **エイユウ**になる
③ 歩くのが**オソ**い ④ **アセ**をかく

ちょっと休憩 1

共通する部首は？

それぞれの漢字と、ある共通する部首を組み合わせると、それぞれが別の漢字になります。グループに共通する部首を答えなさい。

答えは285ページ

例

王
守
虫

→ 犭 部首

それぞれ「狂・狩・独」となる

Ⓐ

大	切
九	至

→ □ 部首

Ⓑ

欠	反
司	包

→ □ 部首

C

川	原
客	歩

↓

□ 部首

D

豆	皮
矢	利

↓

□ 部首

E

折	尊	秀
米	首	失

↓

□ 部首

ちょっとヒント

Aは「かんむり」、Bは「へん」、Cは「つくり」、Dは「たれ」、Eは「にょう」の部分の部首。

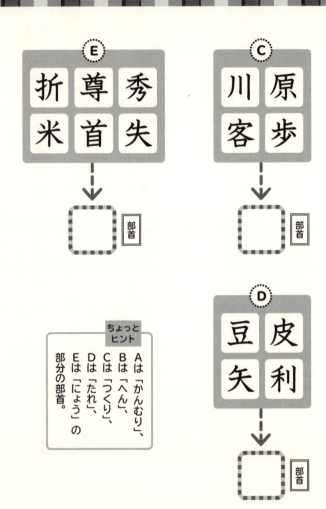

第二章

漢字の読み

すべて「漢字の読み」の問題です。
準2級の配当漢字が多く出題されます。
どんな問題が出されるのかを知っておきましょう。

難易度 ●●○

010 漢字の読み

次の――線の漢字の読みを答えなさい。

□1 市町村の合併。

□2 係累が多い。

□3 包括して述べる。

□4 時間を稼ぐ。

□5 日差しを遮る。

32ページの答え

① 応援
② 英雄
③ 遅
④ 汗

010 漢字の読み 答え

1 がっぺい
2 けいるい
3 ほうかつ
4 かせ
5 さえぎ

解説

1 「ごうへい」と読まないように注意。「併」の訓読みは「あわ－せる」。「併読《へいどく》」「併記《へいき》」「併願《へいがん》」などが出題されるが、いずれも、併せて何かするということ。

2 「係累」とは「心身の自由をしばるもの」で、特に「面倒をみなければいけない親や妻子などの一族」を表す。

3 「包括」とは「全体をひっくるめてまとめること」。

4 「嫁（カ・よめ・とつ－ぐ）」と形や読み方が似ているので注意する。

5 「遮」の音読みは「シャ」。「漢字の読み」の問題では、「遮断《しゃだん》」「遮光《しゃこう》」などが出題されている。

この漢字も読んでみよう

① 謹呈　② 猟銃　③ 扶養　④ 安寧
⑤ 雑菌　⑥ 懐古　⑦ 熟れる　⑧ 専ら

難易度 ●●○

011 漢字の読み

次の――線の漢字の読みを答えなさい。

□1 満遍なく目を配る。

□2 寛大になる。

□3 王侯貴族の生活。

□4 宵の明星。

□5 渋いお茶。

前ページの答え

① きんてい
② りょうじゅう
③ ふよう
④ あんねい
⑤ ざっきん
⑥ かいこ
⑦ う
⑧ もっぱ

011 漢字の読み 答え

1 まんべん
2 かんだい
3 おうこう
4 よい
5 しぶ

解説

1 「遍」には「全体に行き渡る」という意味があり、「遍」を使った熟語は、ほかに「遍歴《へんれき》」「遍路《へんろ》」などが出題されている。「偏（ヘン・かたよーる）」と間違えないように。

2 「寛」は、「ゆったりと広い」という意味の漢字。

3 「侯」は、「気候《きこう》」「候補《こうほ》」の「候」と間違えやすいので注意。「高い身分の人」を表す漢字は「侯」。

4 「宵」は、日が暮れて間もないころを指す。「宵《よい》の明星《みょうじょう》」は、日没後の西の空に見える金星のこと。

5 「渋」は、「水がすらすらと流れない」という意味から、「はかどらない・しぶる」の意味を表す。

この漢字も読んでみよう

① 叙勲　② 融資　③ 誘拐　④ 慶弔
⑤ 艦艇　⑥ 海溝　⑦ 飢え　⑧ 眺める

難易度 ●●○

012 漢字の読み

次の――線の漢字の読みを答えなさい。

□1 珠玉の名作。

□2 憂愁をたたえた曲。

□3 私淑している作家。

□4 岩を砕く。

□5 悪者を懲らしめる。

前ページの答え

① じょくん
② ゆうし
③ ゆうかい
④ けいちょう
⑤ かんてい
⑥ かいこう
⑦ う
⑧ なが

012 漢字の読み 答え

1 しゅぎょく
2 ゆうしゅう
3 ししゅく
4 くだ
5 こ

解説

1 「珠」は、貝の中にできる丸い玉、つまり、真珠のこと。「珠算《しゅざん》」なども出題されている。

2 「憂愁」は「悲しみに心が沈むこと」。「憂」も「愁」も「うれい」という意味。

3 「私淑」は、「直接には教えを受けないが、著作などを通してひそかに尊敬し、模範とすること」。

4 「砕」の音読みは「サイ」。「漢字の読み」の問題では、「砕石《さいせき》」「粉砕《ふんさい》」なども出題されている。

5 「懲」は、「何度も失敗して懲りる」「懲罰《ちょうばつ》」「懲戒《ちょうかい》」のようにも使う。

この漢字も読んでみよう

①哀悼　②懸賞　③幾何学　④抄訳
⑤予鈴　⑥羅列　⑦診る　⑧褒める

難易度 ●●○

013 漢字の読み

次の——線の漢字の読みを答えなさい。

□ 1 悠久の大地。

□ 2 患部を消毒する。

□ 3 会議が紛糾する。

□ 4 堀を埋める。

□ 5 流行が廃れる。

前ページの答え

① あいとう
② けんしょう
③ きかがく
④ しょうやく
⑤ よれい
⑥ られつ
⑦ み
⑧ ほ

013 漢字の読み 答え

1 ゆうきゅう
2 かんぶ
3 ふんきゅう
4 ほり
5 すた

解説

1 「悠」は、心に余裕があり、長く感じられることを表す。「悠久」は「年月が限りなく続いていること」。
2 「患」は、「串」と「心」から成り、「心が貫かれているように苦しむ状態」を表している。
3 「紛糾」は「対立してもつれること」。「紛」を「粉」と間違えやすいので注意が必要。
4 「堀」は「掘」と似ているので区別して覚える。「堀」は掘った所、「掘」は掘る行為を表している。
5 「廃」を使った熟語は、「全廃《ぜんぱい》」「興廃《こうはい》」「荒廃《こうはい》」「廃屋《はいおく》」などが出題されている。

この漢字も読んでみよう

① 船舶　② 一斉　③ 干渉　④ 威嚇
⑤ 左遷　⑥ 別邸　⑦ 渦巻き　⑧ 挿す

難易度 ●●○

014 漢字の読み

次の――線の漢字の読みを答えなさい。

□1 堕落した生活。

□2 均衡が崩れる。

□3 懇意にしている。

□4 友達に本を薦められた。

□5 謹んでお受けいたします。

前ページの答え

① せんぱく
② いっせい
③ かんしょう
④ いかく
⑤ させん
⑥ べってい
⑦ うずま
⑧ さ

014 漢字の読み答え

1 だらく
2 きんこう
3 こんい
4 すす
5 つつし

解説

1 「堕」は「落ちる」という意味。同じ音読みの「惰」は「なまける」という意味。

2 「衡」は「はかり・釣り合う」という意味の漢字。「漢字の読み」の問題では、「平衡《へいこう》」も出題されている。

3 「懇」は「ねんごろ・手厚い」という意味の漢字。「懇願《こんがん》」「懇親《こんしん》」「懇々《こんこん》」「懇請《こんせい》」なども出題されている。

4 「薦める」は、ある物を推薦すること。「勧める」は、ある行為をするように促すこと。

5 「謹」は「言葉に気をつける」という意味の漢字。訓読みが同じ「慎」は「こまかに気を配る」という意味。

この漢字も読んでみよう

①推奨　②王妃　③酷評　④贈賄
⑤披見　⑥洞察　⑦臭み　⑧拒む

難易度 ●●○

015 漢字の読み

次の——線の漢字の読みを答えなさい。

□1 病気が平癒する。

□2 減俸処分を受ける。

□3 軍の駐屯地。

□4 棟上げ式を行う。

□5 こんこんと諭す。

前ページの答え

① すいしょう
② おうひ
③ こくひょう
④ そうわい
⑤ ひけん
⑥ どうさつ
⑦ くさ
⑧ こば

015 漢字の読み 答え

1 へいゆ
2 げんぽう
3 ちゅうとん
4 むねあ
5 さと

解説

1「癒」は「病気や傷が治る」という意味の漢字。訓読みは「い－える・い－やす」。
2「俸」は「扶持《ふち》・給料」のこと。「たてまつる」の意味の「奉」とは区別して覚える。
3「屯」は「たむろする」という意味の漢字。
4「棟」は、屋根の最上部に渡す材木である棟木《むなぎ》の意味を表す。「棟上げ式」は、柱や梁《はり》などを組み立て、棟木を上げるときに行う式のことで、「上棟式《じょうとうしき》」とも言う。
5 形が似ている「論」と間違えないように。「諭」は「言い聞かせる」という意味の漢字。

この漢字も読んでみよう

① 割愛　② 頻度　③ 実践　④ 傑出
⑤ 川柳　⑥ 伯仲　⑦ 貝塚　⑧ 但し

難易度 ●●○

016 漢字の読み

次の——線の漢字の読みを答えなさい。

□1 弊社の取り扱い商品。

□2 還付金を受け取る。

□3 凡庸な人生。

□4 鼻緒が切れる。

□5 カイコの繭。

前ページの答え

① かつあい
② ひんど
③ じっせん
④ けっしゅつ
⑤ せんりゅう
⑥ はくちゅう
⑦ かいづか
⑧ ただ

016 漢字の読み 答え

1 へいしゃ
2 かんぷ
3 ぼんよう
4 はなお
5 まゆ

解説

1「弊社」とは、自分の会社をへりくだって言う言葉。「弊」には、「つかれる・たおれる」の意味がある。

2「還」は「もどってくる」という意味の漢字。似た形の「環」は「輪・とりまく」という意味。

3「凡庸」とは「平凡で、優れたところがないこと」。

4「緒」は、「糸の初め」がもともとの意味。そこから、「発端」の意味で用いられるようになった。「鼻緒」の「緒」は「ひも」という意味。

5「繭」は、漢字の中に「糸」と「虫」があることから、読みを類推することができる。

この漢字も読んでみよう

①眺望 ②漆黒 ③培養 ④系譜
⑤租借 ⑥駄弁 ⑦欺く ⑧見据える

難易度 ●●○

017 漢字の読み

次の――線の漢字の読みを答えなさい。

□1 首肯しがたい意見だ。

□2 相手の対応に憤慨する。

□3 雑誌を購読する。

□4 傘を忘れる。

□5 叔母の家に行く。

前ページの答え

① ちょうぼう
② しっこく
③ ばいよう
④ けいふ
⑤ そしゃく
⑥ だべん
⑦ あざむ
⑧ みす

017 漢字の読み 答え

1 しゅこう
2 ふんがい
3 こうどく
4 かさ
5 おば〈しゅくぼ〉

解説

1「肯」は「聞き入れる・承知する」という意味の漢字。もともとは「骨についている肉」の意味なので、部首は「肉（にく）」。
2「憤」は、「心にうっぷんが満ち、それを吐き出す」がもともとの意味。そこから、「いきどおる」の意味に。
3「購」の意味は「買い求める」。部首は、財宝や貨幣の意味を表す「貝（かいへん）」。
4「雨傘《あまがさ》」も出題される。傘の形を模して作られた漢字。
5「叔母」は、自分の親の妹に当たる人。「伯母《おば》」は、自分の親の姉に当たる人。自分の親の姉に当たる人。

この漢字も読んでみよう

①碁石　②惰弱　③渓流　④岩礁
⑤捜索　⑥詐称　⑦靴擦れ　⑧建坪

難易度 ●●○

018 漢字の読み

次の——線の漢字の読みを答えなさい。

□1 大会の覇者。

□2 閑職に回される。

□3 規則を遵守する。

□4 刃物を扱う。

□5 口幅ったいことを言う。

前ページの答え

① ごいし
② だじゃく
③ けいりゅう
④ がんしょう
⑤ そうさく
⑥ さしょう
⑦ くつず
⑧ たてつぼ

018 漢字の読み 答え

1 はしゃ
2 かんしょく
3 じゅんしゅ
4 はもの
5 くちはば

解説

1「覇者」は、古代中国において、武力で国を治めた諸侯のことを表した。現在は、競技などの優勝者のこと。

2「閑」は、もとは「門」と「木」で、「門の出入りを防ぐ木」を表した。「閑職」は、重要でない職のこと。

3「遵」は「従う」という意味の漢字。「遵守」は「従い守ること」。

4「刃」は、「刀」に、刀の刃の位置を示す「、」をつけた漢字。

5「口幅ったい」は、「言うことが身の程知らずで生意気だ」という意味。

この漢字も読んでみよう

①壮観　②秩序　③喪失　④飢餓
⑤肯定　⑥疎通　⑦筒抜け　⑧涼む

難易度 ●●○

019 漢字の読み

次の――線の漢字の読みを答えなさい。

□1 団体の主宰者。

□2 触媒を使う。

□3 奔放な性格。

□4 霜が降りる。

□5 わなに陥る。

前ページの答え

①そうかん
②ちつじょ
③そうしつ
④きが
⑤こうてい
⑥そつう
⑦つつぬ
⑧すず

019
漢字の読み答え

1 しゅさい
2 しょくばい
3 ほんぽう
4 しも
5 おちい

解説

1 「主宰」は「人々の上に立って、物事を仕切ること」。「主催」は「中心となって催し物をすること」。

2 「媒」は「男女の縁を取り持つ」という意味。そこから、「触媒」「媒体」の意味になった。

3 「奔」は「さかんに走る」という意味。「あちらこちらを忙しく走り回る」という意味の「東奔西走」が「四字熟語」で出題される。

4 音読みは「ソウ」。「星霜《せいそう》」は「年月」の意味。

5 「おちｰる」「おとしいれｰる」と読まないように注意。常用漢字表での訓読みは「おちいｰる・おとしいｰれる」。

この漢字も読んでみよう

① 剛直　② 俊敏　③ 軟化　④ 盲従
⑤ 貫徹　⑥ 摩耗　⑦ 棚田　⑧ 漆塗り

難易度 ●●○

020 漢字の読み

次の――線の漢字の読みを答えなさい。

□ 1 愉悦に浸る。

□ 2 国王に拝謁する。

□ 3 緩衝材を入れる。

□ 4 干潟の生物。

□ 5 魚を釣る。

前ページの答え

① ごうちょく
② しゅんびん
③ なんか
④ もうじゅう
⑤ かんてつ
⑥ まもう
⑦ たなだ
⑧ うるしぬ

020
漢字の読み 答え

1 ゆえつ
2 はいえつ
3 かんしょう
4 ひがた
5 つ

解説

1「愉」は「たのしい」という意味の漢字。「愉快《ゆかい》」の形でも出題されている。
2「拝謁」は、身分の高い人に面会すること。
3「衝」は、もともとは「中心地・大通り」の意味。この意味で使われている熟語は「要衝《ようしょう》」。「緩衝」は、衝突や不和を和らげること。
4「干潟」とは、海岸の河口部などの砂泥が堆積した浅瀬で、干潮時に現れる場所のこと。
5「釣」の音読みは「チョウ」。「キン」ではない。「釣《ちょう》果《か》」とは、釣りの成果のこと。

この漢字も読んでみよう

①枢要 ②搭乗 ③相克 ④喝破
⑤遍歴 ⑥酪農 ⑦醜い ⑧縄張り

難易度 ●●○

021 漢字の読み

次の――線の漢字の読みを答えなさい。

□1 迅速な対応。

□2 河川の自浄作用。

□3 犯罪を教唆する。

□4 白菜を漬ける。

□5 大枠で合意した。

前ページの答え

① すうよう
② とうじょう
③ そうこく
④ かっぱ
⑤ へんれき
⑥ らくのう
⑦ みにく
⑧ なわば

021 漢字の読み 答え

1 じんそく
2 じじょう
3 きょうさ
4 つ
5 おおわく

解説

1 「迅」は「はやい」という意味の漢字。「速く激しいこと」を表す「疾風迅雷《しっぷうじんらい》」が「四字熟語」で出題されている。
2 「浄」は「きよい」という意味の漢字。「自浄」は、それ自身の働きだけできれいになること。
3 「教唆」は「そそのかすこと」。「きょうしゅん」と読まないように注意する。
4 「漬」は、「水」と「責（積み重ねる）」で、「水の中に積み重ねる」というのがもともとの意味。
5 「枠」は国字。「わく」という読みは訓読み。国字は訓読みだけのものがほとんどである。

この漢字も読んでみよう

① 拡充 ② 地殻 ③ 一抹 ④ 大雑把
⑤ 桟道 ⑥ 婚姻 ⑦ 捜す ⑧ 賄う

ちょっと休憩 2

「強」敵に挑む!

答えは285ページ

「強」には、常用漢字表に定められた読み方のほかにも、いろいろな読み方があります。次の「強」を使った言葉の読み方を答えなさい。

A 強情↓

B 御強↓

C 強請る↓
る・る

D 強力↓
・

CとDは二つの読み方を書くこと

E
強持て↓

て

F
強肩↓

G
強腰↓

H
強ち↓

ち

I
強か↓

か

J
無理強い↓

い

K
強らか↓

らか

第三章

漢字の書き取り

やはり、漢字の勉強の中心は書き取りです。
準2級では、準2・3・4級の漢字が中心に出題されます。
あなたは、どれだけ書けるでしょうか。

難易度 ●●○

022 漢字の書き取り

次の――線のカタカナを漢字に直しなさい。

□1 エイイ努力します。

□2 スンカを惜しんで働く。

□3 数々のイツワがある。

□4 カナアミを張る。

□5 ヤナギの枝が揺れる。

60ページの答え

①かくじゅう
②ちかく
③いちまつ
④おおざっぱ
⑤さんどう
⑥こんいん
⑦さが
⑧まかな

022 漢字の書き取り 答え

1 鋭意
2 寸暇
3 逸話
4 金網
5 柳

解説

1「鋭意」とは、一心になって励むこと。名詞だが、「鋭意努力します」のように副詞的に用いられることが多い。

2「寸暇」とは、ほんの少しの時間のこと。「寸」は、尺貫法で長さの単位を表した言葉。

3「逸話」とは、その人についての、隠れた一面を知らせる興味深い話のこと。エピソードと同じ意味。

4「網」を「綱」としないように注意する。

5「卯」の部分を「卬」と書かないように注意する。「柳」の音読みは「リュウ」で、「漢字の読み」の問題として「川柳《せんりゅう》」がよく出題されている。

この――線の部分も漢字で書いてみよう

① **シンライ**する人
② **キンキョウ**を伝える
③ 無事を**イノ**る
④ **コヨミ**をめくる

難易度 ●●○

023 漢字の書き取り

次の――線のカタカナを漢字に直しなさい。

□1 **ナイジュ**を拡大する。

□2 **カカン**に挑戦する。

□3 新時代への**カトキ**だ。

□4 城のお**ホリ**。

□5 **チマナコ**で捜す。

前ページの答え

① 信頼
② 近況
③ 祈
④ 暦

023 漢字の書き取り 答え

1 内需
2 果敢
3 過渡期
4 堀
5 血眼

解説

1「内需」とは、国内における需要のこと。「需」には「求める」という意味がある。

2「果敢」は、決断力が強く、思いきって物事を行う様子を表す。「勇猛果敢」が「四字熟語」で出題されている。

3「過渡期」とは、古いものから新しいものへと移り変わる途中の時期のこと。

4「堀」は、「掘」と形が似ているので注意する。

5「血眼」とは、逆上して血走った目のこと。「血眼になって捜し求める」のように使い、夢中で奔走する様子を比喩的に表す。

この――線の部分も漢字で書いてみよう

① **アンモク**の了解
② **トウビョウ**生活
③ 能力が**オト**る
④ **エラ**い人

難易度 ●●○

024 漢字の書き取り

次の――線のカタカナを漢字に直しなさい。

□1 ヒヤク的に発展する。

□2 豊かさをキョウジュする。

□3 家元をセシュウする。

□4 カラいカレー。

□5 家業をツぐ。

前ページの答え

①暗黙
②闘病
③劣
④偉

024 漢字の書き取り 答え

1 飛躍
2 享受
3 世襲
4 辛
5 継

解説

1 「飛躍」は「大きく高くとぶ」という意味だが、「大きく発展する・順を追わないで飛び越して進む」の意味でも使われる。
2 「享受」とは、受けて自分のものにすること。「享楽《きょうらく》」が「漢字の読み」の問題として出題されている。
3 「世襲」とは、その家の仕事などを子孫が代々受け継ぐこと。「襲」には「あとを継ぐ」という意味がある。
4 「辛」は、「幸」と形が似ているので注意する。
5 同訓異字の「次ぐ」との違いに注意する。「家を継ぐ」「王に次ぐ地位」のように使い分ける。

この——線の部分も漢字で書いてみよう

① 荒れ地を**カイタク**する ② 事の**ケイイ**を説明する
③ **メバナ**に花粉をつける ④ テレビが**コワ**れる

難易度 ●●○

025 漢字の書き取り

次の——線のカタカナを漢字に直しなさい。

□1 トッピョウシもないことを言う。

□2 部屋のカンキをする。

□3 社会をフウシした漫画。

□4 テガタく商売する。

□5 気持ちがヤワらぐ。

前ページの答え

① 開拓

② 経緯

③ 雌花

④ 壊

025 漢字の書き取り 答え

1 突拍子
2 換気
3 風刺
4 手堅
5 和

解説

1 「突拍子」とは、調子外れなこと、または、度を越していること。「突拍子もない」の形で使われることが多い。
2 「カンキ」と読む熟語には同音異義語が多いので注意する。特に、「換」を「喚」と間違えないように。
3 「風刺」の「風」は、常用漢字ではない「諷」を書き換えたもの。「諷」は「ほのめかす」という意味。
4 「手堅い」とは、やり方が堅実で危なげがないということ。
5 「和」には、音読み「ワ」のほかに、「やわ－らぐ」「なご－む」という訓読みがある。

この――線の部分も漢字で書いてみよう

① 体型を**イジ**する
② **ボウシ**をかぶる
③ **カタハバ**が広い
④ 稲を**カ**る

難易度 ●●○

026 漢字の書き取り

次の——線のカタカナを漢字に直しなさい。

□1 利益を社会にカンゲンする。

□2 仕事にボウサツされる。

□3 公園内をジュンシする。

□4 人気がオトロえる。

□5 ケモノミチを行く。

前ページの答え

① 維持
② 帽子
③ 肩幅
④ 刈

026 漢字の書き取り 答え

1 還元
2 忙殺
3 巡視
4 衰
5 獣道

解説

1「還元」とは、もとの状態に戻すこと。「還」を、形の似ている「環」と間違えないように注意する。
2「忙殺」とは、非常に忙しいこと。ここでの「殺」は、程度が甚だしいことを表す。
3「巡」を、同じ読み方の「順」や「循」と書かないように注意する。
4「衰」は、「哀」や「衷」と区別して覚えること。それぞれ「衰退《すいたい》」「哀愁《あいしゅう》」「衷心《ちゅうしん》」などの熟語がある。
5「獣道」とは、野生動物が通ることによって山中に自然にできた道のこと。

この――線の部分も漢字で書いてみよう

① **ギキョク**の執筆
② **フンエン**が上がる
③ **アワ**い色彩
④ **カラクサ**模様

難易度 ●●○

027 漢字の書き取り

次の――線のカタカナを漢字に直しなさい。

□1 優勝の可能性は**カイム**だ。

□2 災難の**ゲンキョウ**となる。

□3 期待と不安が**コウサク**する。

□4 **ヨワタ**りが上手だ。

□5 **カタミ**が狭い。

前ページの答え

① 戯曲
② 噴煙
③ 淡
④ 唐草

027 漢字の書き取り 答え

1 皆無
2 元凶
3 交錯
4 世渡
5 肩身

解説

1「皆無」とは、全くないこと。「皆」は「みな・ことごとく」という意味。

2「元凶」とは、「悪事をたくらんだ張本人」という意味で、「諸悪の根源」という意味でも使われる。

3「交錯」とは、いくつかのものが入りまじること。「錯」には「入りまじる」という意味がある。

4「世渡り」とは、世の中で生活していくこと。「渡世」も同じ意味。

5「肩身」とは、肩と身のことで、「世間や他人に対する体面」という意味。

この——線の部分も漢字で書いてみよう

① 近所に**ラクライ**した
② 市場を**ドクセン**する
③ **オウギ**であおぐ
④ **ニモノ**を食べる

難易度 ●●○

028 漢字の書き取り

次の――線のカタカナを漢字に直しなさい。

□1 ショハンの事情により休業します。

□2 転んで足をダボクした。

□3 事件のホッタン。

□4 ワクにはまった考え。

□5 大雨にミマわれる。

前ページの答え

① 落雷
② 独占
③ 扇
④ 煮物

028 漢字の書き取り 答え

1 諸般

2 打撲

3 発端

4 枠

5 見舞

解説

1「諸般」とは、「いろいろ・さまざま」という意味。

2「撲」を、形の似ている「僕」と書かないように注意する。「撲」には「打つ・なぐる」という意味がある。

3「発」には、「ハツ」のほかに、「ホツ」という音読みがあり、他にも「発心《ほっしん》」「発足《ほっそく》」などの熟語がある。

4 形の似ている「粋」と書かないように注意する。

5「見舞う」には、「災難に遭った人や病人のもとを訪れる」という意味のほかに、「災難が人を襲う」という意味がある。

この——線の部分も漢字で書いてみよう

① **ドンカン**な人

② **アクリョク**を測る

③ **モモ**の花が咲く

④ 料金を**ハラ**う

難易度 ●●○

029 漢字の書き取り

次の——線のカタカナを漢字に直しなさい。

□1 送料はベット請求する。

□2 休日をマンキツする。

□3 ロコツにいやがった。

□4 料理のウデマエ。

□5 海にモグる。

前ページの答え

① 鈍感

② 握力

③ 桃

④ 払

029
漢字の書き取り
答え

1 別途
2 満喫
3 露骨
4 腕前
5 潜

解説

1「別途」とは、別の方法という意味。「別途支給する」のように、副詞的に使われることが多い。

2「満喫」とは、十分に飲み食いすること。また、飲食に限らず、十分に楽しむという意味でも使われる。

3「露」は「さらす」の意味で、「露骨」は「戦場に骨をさらす」というのがもともとの意味。ここから、感情や本心などを隠さずに表すという意味となった。

4「腕前」とは、身につけた技術・能力のこと。

5「潜」には、「もぐ-る」のほかに「ひそ-む」という訓読みもある。「物陰に潜む」のように使う。

この——線の部分も漢字で書いてみよう

① **ゾクセツ**に過ぎない
② 周りに**エンリョ**する
③ 病気が**トウゲ**を越す
④ **サカ**んに拍手する

難易度 ●●○

030 漢字の書き取り

次の――線のカタカナを漢字に直しなさい。

□1 笑顔にミリョウされる。

□2 両者をヒカクする。

□3 車のオウライが激しい。

□4 ミガラを拘束する。

□5 のどがカワく。

前ページの答え

① 俗説
② 遠慮
③ 峠
④ 盛

030 漢字の書き取り 答え

1 魅了
2 比較
3 往来
4 身柄
5 渇

解説

1「魅了」とは、人の心を引き付けること。「了」には、「～し終える・～してしまう」という意味がある。
2「比」も「較」も「くらべる」という意味の漢字。
3「往」は「行く」、「来」は「来る」で、「往来」は「行き来」という意味。人や車が行ったり来たりする場所である「道路」の意味もある。
4「身柄」とは、その人の体そのもののこと。
5 同訓異字の「乾く」との使い分けに注意する。水分や湿気がなくなるときは「乾く」。のどに潤いがなくなるときは「渇く」。

この――線の部分も漢字で書いてみよう

① **バッキン**を払う
② **シンケン**な目
③ **トナリ**の家の人
④ 道路の**ハシ**

難易度 ●●○

031 漢字の書き取り

次の——線のカタカナを漢字に直しなさい。

□1 紙幅の都合でカツアイする。

□2 文体をモホウする。

□3 敵をゲキタイする。

□4 シズクが垂れる。

□5 ドアに手をハサむ。

前ページの答え

① 罰金
② 真剣
③ 隣
④ 端

031 漢字の書き取り 答え

1 割愛
2 模倣
3 撃退
4 滴
5 挟

解説

1「割愛」とは、惜しいと思うものを捨てたり省略したりすること。もともとは、愛着の気持ちを断ち切るという意味。単に「省略する」ことではない。
2「模倣」とは、他のものをまねること。「倣」には「ならう・まねる」という意味がある。
3「撃」を「激」と書かないように注意する。
4「滴」の音読みは「テキ」。音読みが同じ「摘」と書かないように注意する。
5「狭」と形が似ているので注意すること。「狭」の訓読みは「せま-い・せば-める」。

この――線の部分も漢字で書いてみよう

① **クッキョウ**な若者
② 兄の**コンヤク**者
③ 長い橋を**ワタ**る
④ 体が水に**ウ**く

難易度 ●●○

032 漢字の書き取り

次の――線のカタカナを漢字に直しなさい。

□1 ゴウカイに笑う。

□2 チツジョを乱す。

□3 霊前にコウデンを供える。

□4 写真をガクブチに入れる。

□5 ユルやかなカーブ。

前ページの答え

① 屈強
② 婚約
③ 渡
④ 浮

032 漢字の書き取り 答え

1 豪快
2 秩序
3 香典
4 額縁
5 緩

解説

1 「豪快」とは、堂々として力強く、気持ちのよいさま。「豪」は、体の上面に固く鋭い毛をもつヤマアラシを表したものだと言われている。

2 「秩序」は、「混乱」の対義語としても出題されている。また、「安寧秩序」が「四字熟語」で出題されている。

3 「香典」は、霊前に供えて、香や花の代わりとする金品。香料ともいう。

4 「縁」を、「緑」と書かないように注意する。

5 「緩」を、形の似ている「揺」や「援」と間違えないように注意する。

この――線の部分も漢字で書いてみよう

① **シモン**を採取する
② 風景の**ビョウシャ**
③ **カベ**にぶつかる
④ **ヨツユ**にぬれる

難易度 ●●○

033 漢字の書き取り

次の――線のカタカナを漢字に直しなさい。

□1 ヒボンな才能。

□2 歯列のキョウセイ。

□3 申し出をカイダクする。

□4 ダマったまま何も言わない。

□5 音楽に合わせてオドる。

前ページの答え

① 指紋

② 描写

③ 壁

④ 夜露

033
漢字の書き取り
答え

1 非凡
2 矯正
3 快諾
4 黙
5 踊

解説

1 「非凡」とは、平凡でないこと。つまり、普通の人よりも優れているということ。
2 「矯正」とは、欠点などを直し、正常な状態にすること。「矯」は「正しく直す」という意味。
3 「快諾」とは、快く承諾すること。「固辞（固く辞退すること）」の対義語としても出題されている。
4 「黙」は、「犬」と「黒（暗いの意味）」から、「犬が音を立てない」というのがもとの意味と言われている。
5 ダンスをする場合は「踊る」。「とびはねる・わくわくする」場合は「躍る」。

この――線の部分も漢字で書いてみよう

① 害虫のクジョ
② ハクシンの演技
③ キリが出てきた
④ ナマリ色の空

ちょっと休憩 3

難読語しりとり

答えは285ページ

□の中の漢字を組み合わせて二字熟語をつくり、熟語の読み方のしりとりになるようにA～Iにあてはめなさい。漢字は一回だけ使うこと。また、大きい「やゆよ」と小さい「ゃゅょ」は同じものとします。

土 時 産 候 健 己 気 目 居
壊 知 肌 処 砂 声 理 死 化

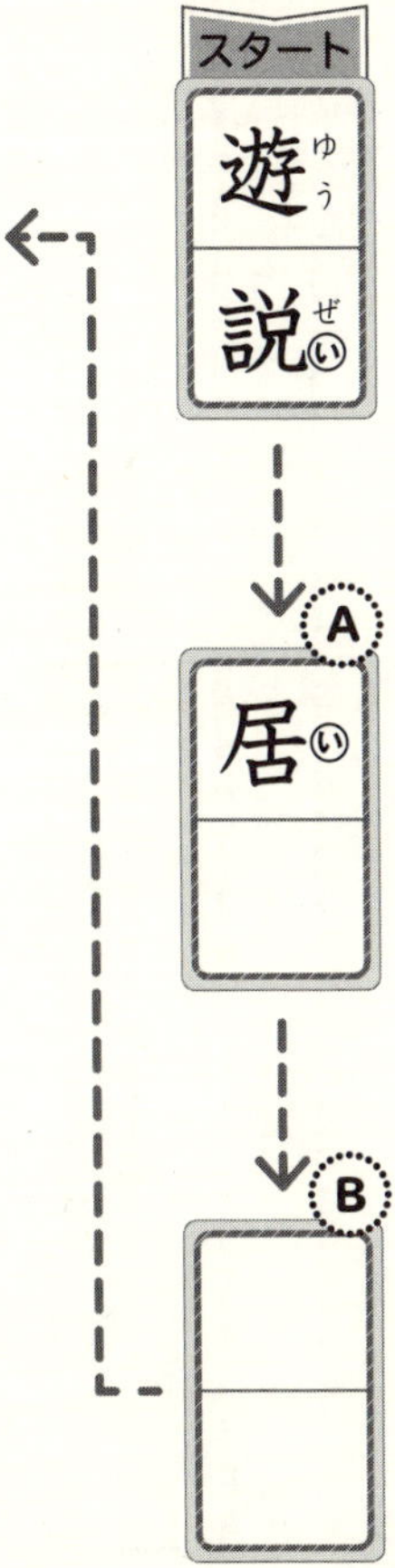

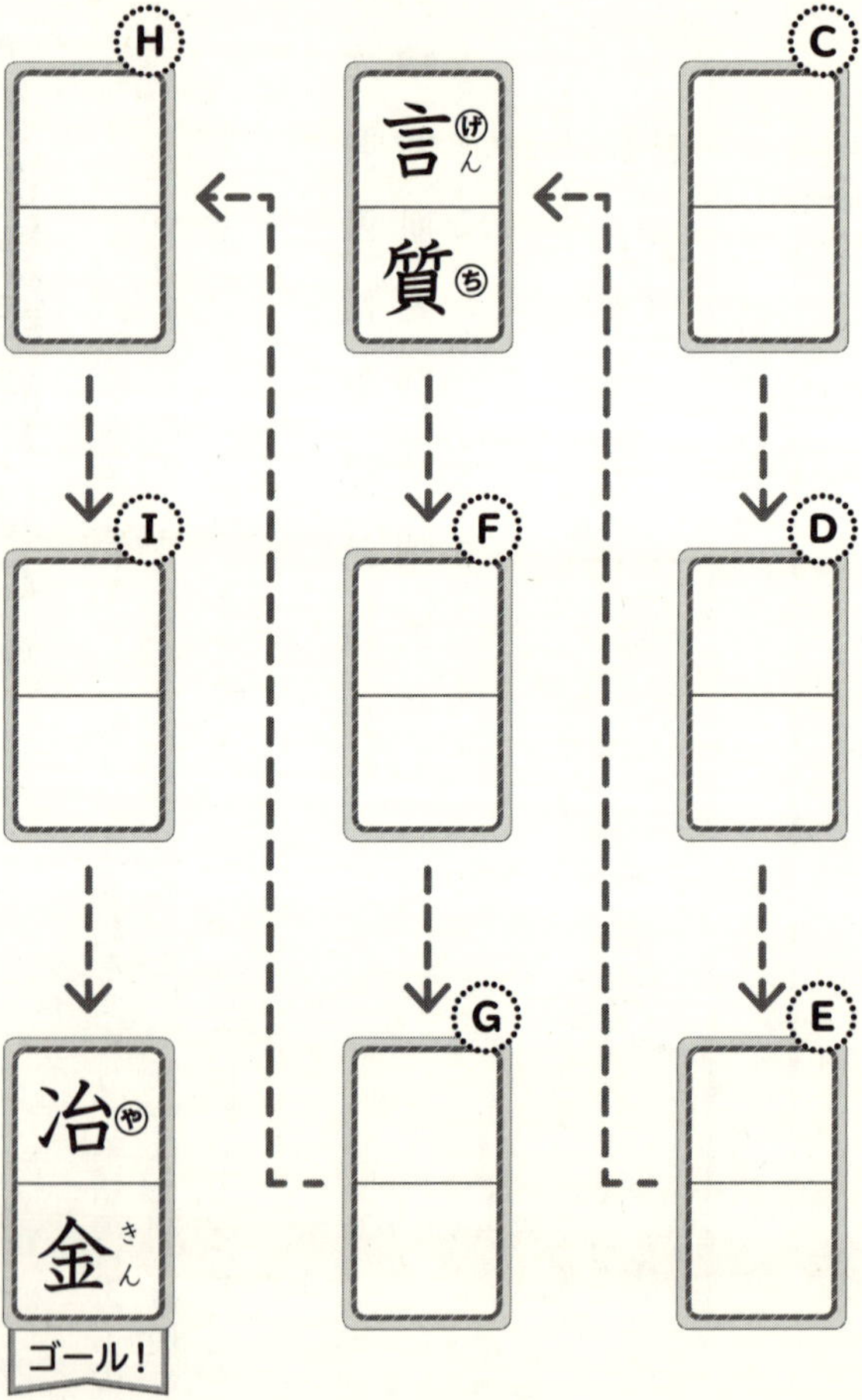
H
C
言《げん》
質《ち》
I
F
D
G
E
冶《や》
金《きん》
ゴール！

第四章

いろいろな出題分野の問題①

同音・同訓異字、送りがな、誤字訂正の問題です。
漢検では、語彙力や漢字の応用力も試されます。
どれだけ解けるか、挑戦してください。

難易度 ●●○

034 同音・同訓異字

次の——線のカタカナを漢字に直しなさい。

□1 七時に起ショウした。

□2 御愁ショウ様です。

□3 色サイ鮮やかな絵画。

□4 サイ審請求をする。

□5 弱音をハく。

□6 ウサギがハねる。

88ページの答え

① 駆除
② 迫真
③ 霧
④ 鉛

034 同音・同訓異字 答え

1 床
2 傷
3 彩
4 再
5 吐
6 跳

解説

1「起床」は、寝床から起き出すことなので、「床」。
2「愁傷」は、嘆き悲しむこと。「傷」には「心を痛める」という意味もある。「御愁傷様」は、不幸があった人に対するお悔やみの言葉。相手を皮肉るときにも使う。
3「色彩」の「彩」は、形の似ている「採」と書き間違えないように注意する。
4「再審請求」とは、確定した判決の取り消しと、事件の再審理を求めること。
5「吐く」には、言葉に出すという意味もある。
6「跳」には、「とーぶ」という訓読みもある。

この――線の部分も漢字で書いてみよう

① トイレの悪**シュウ**
② **シュウ**逸な作品
③ 手で**フ**れる
④ 針が左右に**フ**れる

難易度 ●●○

035 同音・同訓異字

次の――線のカタカナを漢字に直しなさい。

□1 周トウな計画。
□2 一般に浸トウする。

□3 激務にヒ労する。
□4 大きなヒ害。

□5 遠くに山をノゾむ。
□6 試合にノゾむ。

前ページの答え
① 臭
② 秀
③ 触
④ 振

035 同音・同訓異字 答え

1 到
2 透
3 疲
4 被
5 望
6 臨

解説

1「周到」は、手抜かりなくすべてに行き届いていること。「到」には、行き渡るという意味がある。

2「浸透」の「透」には「通る」という意味がある。

3「疲労」の「疲」は、「疒」と「皮」で、病気でつかれるという意味を表す。

4「被害」の「被」は、「衤(衣)」と「皮」で、衣でおおうという意味から、「こうむる」という意味を表す。

5「遠くを眺める・心に願う」の意味のときは「望む」。

6「面する・ある場所に身を置く」の意味のときは「臨む」。

この——線の部分も漢字で書いてみよう

① 皮**フ**科の医師
② **フ**遍的な概念
③ ぐっすり**ネ**る
④ 計画を**ネ**る

難易度 ●●○

036 同音・同訓異字

次の――線のカタカナを漢字に直しなさい。

□1 裁判を**ボウ**聴する。

□2 脂**ボウ**分の多い食事。

□3 記者を海外に派**ケン**する。

□4 男女**ケン**用のバッグ。

□5 予想が**ハズ**れる。

□6 息が**ハズ**む。

前ページの答え

① 膚
② 普
③ 寝
④ 練

036 同音・同訓異字 答え

1 傍
2 肪
3 遣
4 兼
5 外
6 弾

解説

1「傍聴」は「かたわらで聴く」ことなので、「そば・かたわら」という意味の「傍」。

2 右側の部分が「方」で、「ボウ」と読む漢字はたくさんあるので、区別して覚えること。「月（にくづき）」は肉に関係のある部首。

3「遣」には、「使者として行かせる」という意味がある。

4「兼用」は、一つのものを二つ以上の用途で使ったり、二人以上で使ったりすること。

5「外」には、「そと・ほか」という訓読みもある。

6「弾」には、「ひ－く・たま」という訓読みもある。

この――線の部分も漢字で書いてみよう

① 色**エン**筆　② 銭湯の**エン**突
③ 米を**ト**ぐ　④ 変化に**ト**む

難易度 ●●○

037 同音・同訓異字

次の――線のカタカナを漢字に直しなさい。

□1 組織の分**レツ**。
□2 優**レツ**をつける。

□3 要求を**キョ**否する。
□4 根**キョ**を示す。

□5 失敗を**セ**める。
□6 敵の城を**セ**める。

前ページの答え
① 鉛
② 煙
③ 研
④ 富

037 同音・同訓異字 答え

1 裂
2 劣
3 拒
4 拠
5 責
6 攻

解説

1 形の似ている「烈」としないように注意する。「裂」は「切り裂く」、「烈」は「激しい」という意味。

2 「優劣」は、「優れる」と「劣る」という反対の意味の漢字を組み合わせた熟語。

3 形の似ている「巨」としないように注意する。「拒否」は、「拒み断ること」なので、「拒」。

4 「拠」は「よりどころ」という意味。「コ」という音読みもある。

5 「非難する」の意味のときは「責める」。

6 「攻撃する」の意味のときは「攻める」。

この――線の部分も漢字で書いてみよう

① 目の**ジュウ**血　② 猛**ジュウ**使い

③ セミを**ツカ**まえる　④ 足が**ツカ**れる

難易度 ●●○

038 同音・同訓異字

次の――線のカタカナを漢字に直しなさい。

□1 ハク車がかかる。
□2 漂ハクの旅。

□3 シン重に確かめる。
□4 他国をシン略する。

□5 布をはさみでタつ。
□6 鎖をタつ。

前ページの答え
① 充
② 獣
③ 捕
④ 疲

038
同音・同訓異字
答え

1 拍
2 泊
3 慎
4 侵
5 裁
6 断

解説

1「拍車」とは、乗馬靴につける金具で、馬の腹を刺激して速く走らせるもの。「拍」は「たたく」という意味。

2「泊」は「とまる」という意味。「漂白」としないように注意。

3「慎重」は、注意深くて、軽々しく行わないこと。「慎」には「用心する」という意味がある。

4「侵」は、相手の領分に入り込むこと。形の似ている「浸」は、水がじわじわとしみこむこと。

5 布や紙を切るときは「裁つ」。

6「切断する」の意味のときは「断つ」。

この――線の部分も漢字で書いてみよう

① 映画の撮**エイ**
② **エイ**利なナイフ
③ 費用が**ウ**く
④ **ウ**れた桃を食べる

難易度 ●●○

039 同音・同訓異字

次の――線のカタカナを漢字に直しなさい。

□1 ソウ大な構想を語る。
□2 空気が乾ソウする。

□3 新記録にチョウ戦する。
□4 平和の象チョウ。

□5 本のページをクる。
□6 木がクちる。

前ページの答え
① 影
② 鋭
③ 浮
④ 熟

039
同音・同訓異字
答え

1 壮
2 燥
3 挑
4 徴
5 繰
6 朽

解説

1「壮大」とは、大きくて立派なこと。「壮」には「大きい」という意味がある。

2 形の似ている「操」としないように注意する。「燥」は「かわく」という意味。

3 形の似ている「眺」としないように注意する。「挑戦」は「戦いに挑む」こと。

4「徴」には「しるし」という意味がある。

5「繰る」は「糸を繰る」「雨戸を繰る」「日数を繰る」などとも使う。

6「朽ちる」は、腐って形が崩れること。

この――線の部分も漢字で書いてみよう

① 荷物の運パン
② 出パン社に勤める
③ 花がカれる
④ 茶わんがカける

難易度 ●●○

040 送りがな

次の――線のカタカナを漢字一字と送りがな（ひらがな）に直しなさい。

□1 犯人がツカマル。

□2 里芋がニエル。

□3 洗濯物をカワカス。

□4 手でサワル。

□5 大は小をカネル。

前ページの答え

① 搬
② 版
③ 枯
④ 欠

040 送りがな 答え

1 捕まる
2 煮える
3 乾かす
4 触る
5 兼ねる

解説

1 活用する言葉は、活用語尾を送るのが原則だが、「捕まる」（活用語尾は「る」）は例外的に「ま」から送る。
2 「煮える」は、「煮る」と同じように、漢字の読みの「に」以外を送る。このように、同じ読み方でより短い形がある場合は、それと同じように送るとよい。
3 「乾かす」も「乾く」と同じように送る。
4 「触」には「さわ-る」と「ふ-れる」という訓読みがあるので、漢字の読み方だけでなく、送りがなも覚えておくこと。
5 「兼ねる」は、活用語尾「ねる」を送る。

この――線の部分も漢字と送りがなで書いてみよう

① 声が**ヒビク**　② わさびを**ソエル**
③ 手を**ニギル**　④ **クワシイ**説明

難易度 ●●○

041 送りがな

次の――線のカタカナを漢字一字と送りがな（ひらがな）に直しなさい。

□1 郷土のホマレ。

□2 心をマドワサれる。

□3 イサマシイ武士。

□4 時間をツイヤス。

□5 道をタズネル。

前ページの答え

① 響く
② 添える
③ 握る
④ 詳しい

041
送りがな
答え

1 誉れ
2 惑わさ
3 勇ましい
4 費やす
5 尋ねる

解説
1 名詞には送りがなをつけないのが原則だが、「誉れ」は例外の一つで、最後の音「れ」を送る。
2 答えを「惑わす」「惑わされる」と書かないように注意する。問題文をよく見ること。
3 「勇む」が形容詞になったもの。「勇む」が「いさ‐む」なので、同じように「いさ‐ましい」となる。
4 「費」には「つい‐える」という読みもあることから判断する。どちらも漢字本体の読み「つい」以外を送る。
5 「訪ねる」としないように注意する。訪問する場合は「訪ねる」、質問する場合は「尋ねる」。

この――線の部分も漢字と送りがなで書いてみよう
① 物音に**オドロク**
② 子供を**ネカス**
③ 部屋を**カザル**
④ **ナヤマシイ**問題

難易度 ●●○

042 送りがな

次の――線のカタカナを漢字一字と送りがな（ひらがな）に直しなさい。

□1 手がアレル。

□2 腰をヌカス。

□3 野菜をクサラス。

□4 気分をソコネル。

□5 クルオシイまでの思い。

前ページの答え
① 驚く
② 寝かす
③ 飾る
④ 悩ましい

042
送りがな 答え

1 荒れる
2 抜かす
3 腐らす
4 損ねる
5 狂おしい

解説

1「荒れる」は、「あ－れる」で、活用語尾「れる」を送る。ただし、「あらい」という訓読みの場合は、「あら－い」となり、「い」を送る。
2「抜かす」は「抜く」と同じように送る。
3「腐らす」は「腐る」と同じように送る。
4「損」には「そこ－なう」という読みもあることから判断する。どちらも漢字本体の読み「そこ」以外を送る。
5「狂う」が形容詞になったもの。「狂う」が「くる－う」なので、同じように「くる－おしい」となる。

この――線の部分も漢字と送りがなで書いてみよう

① 草木を**カラス**
② 遺跡を**メグル**
③ 馬が草原を**カケル**
④ 人の目を**ヌスム**

難易度 ●●○

043 送りがな

次の——線のカタカナを漢字一字と送りがな（ひらがな）に直しなさい。

□1 油がハネル。

□2 果実が赤くウレル。

□3 とげがササル。

□4 自然のメグミを享受する。

□5 スルドイ意見。

前ページの答え

① 枯らす
② 巡る
③ 駆ける
④ 盗む

043 送りがな 答え

1 跳ねる
2 熟れる
3 刺さる
4 恵み
5 鋭い

解説

1 「跳ねる」は、活用語尾「ねる」を送る。「跳」には「とーぶ」という訓読みもある。
2 「熟れる」は、活用語尾「れる」を送る。「売れる」ではないので注意する。
3 「刺さる」は「刺す」と同じように送る。
4 「恵み」は、「恵む」という動詞と同じように送る。
5 形容詞も、動詞と同様に活用語尾から送る。よって、「鋭い」は「い」を送る。ただし、「しい」で終わる形容詞は「しい」を送る。（「美しい」「苦しい」など）

この――線の部分も漢字と送りがなで書いてみよう

① 足が**フルエル**
② **イソガシイ**日々
③ 客を**ムカエル**
④ **ナナメ**後ろを見る

難易度 ●●○

044 送りがな

次の——線のカタカナを漢字一字と送りがな（ひらがな）に直しなさい。

□1 峠をコエル。

□2 事態はサラニ悪化した。

□3 部下からケムタガラれる。

□4 かばんに荷物をツメル。

□5 恩にムクイル。

前ページの答え

① 震える
② 忙しい
③ 迎える
④ 斜め

044 送りがな 答え

1 越える
2 更に
3 煙たがら
4 詰める
5 報いる

解説

1 「越える」は、活用語尾「える」を送る。同訓異字の「超える」としないように注意する。ある地点を通過するときは「越える」、ある地点を上回るときは「超える」。
2 副詞、連体詞、接続詞は、最後の音を送るのが原則。「更に」は原則通りに「に」を送る。
3 「煙たがる」は、「煙たい」に「がる」がついた言葉。「煙い」「煙たい」と同じように送る。
4 「詰める」は、活用語尾「める」を送る。
5 「報いる」は、活用語尾「いる」を送る。

この――線の部分も漢字と送りがなで書いてみよう

① 物陰に**カクレル**
② 命が**ツキル**
③ 四月**ナカバ**
④ 床に**タオレル**

難易度 ●●○

045 送りがな

次の――線のカタカナを漢字一字と送りがな（ひらがな）に直しなさい。

□1 靴がヌゲル。

□2 窮状をウッタエル。

□3 ひもをユワエル。

□4 未来をウラナウ。

□5 人目をサケル。

前ページの答え

① 隠れる
② 尽きる
③ 半ば
④ 倒れる

045 送りがな 答え

1 脱げる
2 訴える
3 結わえる
4 占う
5 避ける

解説

1「脱げる」は「脱ぐ」と同じように送る。

2「訴える」は、活用語尾「える」を送る。

3「結わえる」は「結う」と同じように送る。答えを「結える」としないように。「結」には「むす - ぶ」という訓読みもある。

4「占う」は、活用語尾「う」を送る。「占なう」と書き間違えやすいので注意が必要。

5「避ける」は、活用語尾「ける」を送る。「裂ける」「割ける」などの同訓異字があるので、漢字を書く際にも注意する。

この――線の部分も漢字と送りがなで書いてみよう

① 器具が**コワレル**
② 湯船に体を**シズメル**
③ 敵陣を**セメル**
④ **エライ**先生

難易度 ●●○

046 誤字訂正

次の各文には間違って使われている同じ読みの漢字が一字ある。誤字と正しい漢字を答えなさい。

□1 環境破壊がもたらす惨状を映し出し、現代人に傾鐘を鳴らす映画だ。

□2 若いころは心食を忘れて目の前の仕事に没頭したと経営者は語った。

□3 行方不明の認知症患者のうち以然として幾人かの所在が不明だ。

前ページの答え

① 壊れる
② 沈める
③ 攻める
④ 偉い

046 誤字訂正 答え

1 傾↓警

2 心↓寝

3 以↓依

解説

1 「警鐘」とは、危険が迫っていることを知らせるための鐘のことで、比喩的に、警告の意味で用いる。つまり、「警告するための鐘」。

2 「寝食」は、寝ることと食べること、つまり、「日常生活に欠かせない物事」を表す。「寝食を忘れる」は、寝ることも食べることも忘れて、一つのことに熱中すること。

3 同音異義語の「依然」と「以前」は混同しやすいので注意する。「前と変わらない」という意味を表すのは「依然」。「それより前」という意味を表すのは「以前」。

この文の誤字も直してみよう

① 無実の証故がある

② 学力が更上する

③ お年寄りに配膚する

④ 一岩となって戦う

難易度 ●●○

047 誤字訂正

次の各文には間違って使われている同じ読みの漢字が一字ある。誤字と正しい漢字を答えなさい。

□ **1** 工場廃水を循換し再利用することで、水の供給量と排水量を低減する。

□ **2** 今年の冬季五輪で最高得点を拡得した選手が来季の休養を発表した。

□ **3** 台風一過の済み渡った青空が広がり、絶好のハイキング日和となった。

前ページの答え

① 故→拠
② 更→向
③ 虜→慮
④ 岩→丸

047 誤字訂正 答え

1 換→環
2 拡→獲
3 済→澄

解説

1 「循環」は、ひとめぐりしてもとへ戻る、ということを繰り返すこと。「循」も「環」も「めぐる」という意味。「換」は「あるものの代わりに別のものを使う」という意味。「環」は形の似ている「還」とも間違えやすいので注意する。
2 「獲得」は、手に入れること。「獲」も「得」も「手に入れる」という意味。「拡」は「広げる」という意味。
3 同訓異字がある漢字に注意する。「済む」は「事が終わる」、「澄む」は「にごりがなくなる」という意味。「澄み渡る」は、曇りなく一面に澄むということ。

この文の誤字も直してみよう

① 戦争を解避する
② 海産物を養触する
③ 新技術を覚立する
④ 成功を怪ぶむ声がある

難易度 ●●○

048 誤字訂正

次の各文には間違って使われている同じ読みの漢字が一字ある。誤字と正しい漢字を答えなさい。

□ **1** 硬派な作風で知られた作家が、軽妙な筆置で自身の体験をつづる。

□ **2** 暫定政権は反対派の巧議行動に対し、極めて強硬な姿勢を示している。

□ **3** クラブの一斉的発により、風営法の過剰な規制に注目が集まった。

前ページの答え

① 解→回
② 触→殖
③ 覚→確
④ 怪→危

048 誤字訂正 答え

1 置→致
2 巧→抗
3 的→摘

解説

1「筆致」とは、文字や文章などの書きぶりのこと。「致」には「おもむき・ありさま」という意味がある。読み方は違うが、形の似ている「到」とも区別して覚えること。
2「抗議」は、不当な意見や行為などに対して反対の意見を述べること。「巧」は「上手である」という意味なので、「巧議」では意味が通らない。「抗」は「さからう」という意味。
3「摘」は「つまみとる」という意味で、「摘発」は、悪事などをあばいて公にすること。

この文の誤字も直してみよう

① 森林が把壊される
② 異圧的な態度
③ 耐振工事を行う
④ 希抜な発想だ

難易度 ●●○

049 誤字訂正

次の各文には間違って使われている同じ読みの漢字が一字ある。誤字と正しい漢字を答えなさい。

□ 1 黒い光択のある地に貝や金をあしらった漆器の美しさに魅了された。

□ 2 品質の裂化を防ぎ、鮮度を保つしょうゆの密封容器の開発競争が激しい。

□ 3 防空識別圏での他国の戦闘機の異常接近に対し、大臣は意憾だと述べた。

前ページの答え
① 把→破
② 異→威
③ 振→震
④ 希→奇

049 誤字訂正 答え

1 択→沢
2 裂→劣
3 意→遺

解説

1「光沢」は、物のなめらかな表面が光を受けて輝いている状態。「沢」には、「さわ」のほかに「つや」という意味がある。「択」は「えらぶ」という意味の漢字。「選択」「択一」などの熟語がある。

2「劣化」は、品質や性能などが劣ってくることなので、「裂」ではなく「劣」。「裂」は「さける・ひきさく」という意味。

3「遺憾」とは、思っているようにならず、残念だということ。「遺」は「あとに残る」という意味。形の似ている「遣」と間違えやすいので注意する。

この文の誤字も直してみよう

① 犯人を逮保する
② 雑誌に掲歳する
③ 剛華な食事
④ 才能を発輝する

難易度 ●●○

050 誤字訂正

次の各文には間違って使われている同じ読みの漢字が一字ある。誤字と正しい漢字を答えなさい。

□ 1 不況の中でも強固な財務基盤によって健実経営を続けている会社だ。

□ 2 大規模な自然災害に見舞われた南米の国に専門家チームを派見した。

□ 3 自然環境や野生生物を保護する団体を支縁するために寄付をする。

前ページの答え
① 保→捕
② 歳→載
③ 剛→豪
④ 輝→揮

050 誤字訂正 答え

1 健↓堅
2 見↓遣
3 縁↓援

解説

1 「堅実」は、手堅く確実なことなので、「健」ではなく「堅」。「堅」を用いた熟語「堅固《けんご》」は「頑丈」の類義語として出題されている。「健」は「強い・体が丈夫だ」という意味。

2 「派遣」は、ある使命を負わせて、他の場所に遣わすことなので、「見」ではなく「遣」。

3 「支援」は、支えて助けること。「援」には「たすける」という意味がある。「援」を用いた熟語には「応援」「声援」などもある。

この文の誤字も直してみよう

① 地域を循回する
② 真刻な状態になる
③ 華礼な演技
④ 披難訓練をする

難易度 ●●○

051 誤字訂正

次の各文には間違って使われている同じ読みの漢字が一字ある。誤字と正しい漢字を答えなさい。

□ **1** 女性は男性に比べ家庭より職場に充足感を強く感じる係向にあるという。

□ **2** 樹齢何百年とも言われる古木が茂る、静弱に包まれた境内を散策した。

□ **3** 動画撮影能力を供えた商用観測衛星からの画像や動画の販売を開始する。

前ページの答え

① 循→巡
② 真→深
③ 礼→麗
④ 披→避

051 誤字訂正 答え

1 係→傾

2 弱→寂

3 供→備

解説

1 「傾向」は、物事の大勢や状態などがある方向に傾くことなので、「係」ではなく「傾」。

2 「静寂」は、静かで寂しいことなので、「弱」ではなく「寂」。物音もせず、しんとしている様子を表す。

3 同訓異字がある漢字に注意する。「供える」は「神仏や高貴な人に物をささげる・物を差し出す」という意味。「備える」は「設備や備品を用意しておく・自分のものとして持っている」という意味。「供出」「準備」のように、熟語で覚えておくとよい。

この文の誤字も直してみよう

① 職場の雰位気　② 充軟体操をする

③ 生薦食品を扱う　④ 予算を削限する

ちょっと休憩
4

間違いはどれ？

いずれも書き間違えやすい四字熟語です。どの四字熟語にも一字だけ間違いがあります。間違っている漢字に×をつけ、右に正しい漢字を書きなさい。

答えは286ページ

例
異句同音
（句に×、右に口）

A
金貨玉条

B
晴天白日

C
短刀直入

D
温古知新

E
責任転化

F
自我自賛

G
絶対絶命

H
危機一発

I
五里夢中

J
心気一転

第五章

いろいろな出題分野の問題②

四字熟語、対義語・類義語、部首、熟語の構成の問題です。
漢字や熟語の知識が問われるものです。
一度解いた問題は暗記してしまいましょう。

難易度 ●●○

052 四字熟語

次の四字熟語について、あとの□のひらがなを漢字にして、□に入れなさい。また、下から意味を選んで記号を答えなさい。

□1 支□滅裂
□2 □象無象
□3 英俊□傑
□4 玉石□交

ア 人並み外れた才能をもつ優れた人物。
イ 価値のあるものとないものが入りまじっていること。
ウ ばらばらでまとまりがないこと。
エ 取るに足らない雑多な人々。

う・ごう・こん・り

128ページの答え

① 位→囲
② 充→柔
③ 薦→鮮
④ 限→減

052 四字熟語 答え

1 離・ウ

2 有・エ

3 豪・ア

4 混・イ

解説

1「支離」は、ばらばらになること。「滅裂」は、破れたり裂けたりして形を失うこと。

2「うぞうむぞう」と読む。もとは「形があるものもないものもすべて」の意味。そこから、「その辺にいくらでもいるような、ろくでもない連中」の意味になった。

3「英」「俊」「豪」「傑」のいずれも、人並み外れて優れていること、または、そのような人を表す漢字。

4「玉」は、宝玉のことで、宝玉と石が入りまじっているという意味を表した言葉。

この四字熟語の□に入る漢字も答えよう

① 安《あん》寧《ねい》秩《ちつ》□《じょ》

② 論《ろん》□《し》明《めい》快《かい》

③ 天《てん》下《か》泰《たい》□《へい》

④ 初《しょ》□《し》貫《かん》徹《てつ》

⑤ 佳《か》人《じん》□《はく》命《めい》

⑥ 東《とう》奔《ほん》西《せい》□《そう》

難易度 ●●○

053 四字熟語

次の四字熟語について、あとの□のひらがなを漢字にして、□に入れなさい。また、下から意味を選んで記号を答えなさい。

□1 五里□中
□2 鶏口□後
□3 同□異夢
□4 本末転□

ぎゅう・しょう・とう・む

ア 大きな集団の末端よりも、小さな集団の長であるべきだ。
イ 行動をともにしていても、思惑が異なること。
ウ 根本的なこととささいなことを取り違えること。
エ 様子がわからず、判断に迷うこと。

前ページの答え
① 序
② 旨
③ 平
④ 志
⑤ 薄
⑥ 走

053 四字熟語 答え

1 霧・エ
2 牛・ア
3 床・イ
4 倒・ウ

解説

1 「霧中」を「夢中」としないように注意。周囲五里にわたる霧の中にいるように、物事の様子がわからず、どうしたらいいかわからなくなるという意味。

2 「鶏口《けいこう》となるも牛後《ぎゅうご》となるなかれ」からできた四字熟語。「鶏口」は鶏の口、「牛後」は牛の尻。

3 同じ寝床に寝ていても、それぞれ違う夢を見るということから。

4 「本末」は、根本的なことと枝葉のこと。「転倒」は、さかさまにすること。

この四字熟語の□に入る漢字も答えよう

① 無《む》□《い》自《し》然《ぜん》
② 質《しつ》実《じつ》剛《ごう》□《けん》
③ □《こ》大《だい》妄《もう》想《そう》
④ 眺《ちょう》□《ぼう》絶《ぜっ》佳《か》
⑤ 不《ふ》可《か》□《こう》力《りょく》
⑥ 愛《あい》別《べつ》□《り》苦《く》

難易度 ●●○

054 四字熟語

次の四字熟語について、あとの□のひらがなを漢字にして、□に入れなさい。また、下から意味を選んで記号を答えなさい。

□1 青息□息

□2 竜頭蛇□

□3 不□不離

□4 呉□同舟

えつ・そく・と・び

ア 困って苦しいときに出すため息。

イ 仲の悪い者同士が同じ場所に居合わせること。

ウ 最初は勢いがいいが、最後には勢いがなくなること。

エ つかずはなれずの関係を保つこと。

前ページの答え

① 為 ② 健 ③ 誇 ④ 望 ⑤ 抗 ⑥ 離

054 四字熟語 答え

1 吐・ア
2 尾・ウ
3 即・エ
4 越・イ

解説

1「あおいきといき」と読む。非常に困って、ため息ばかりが出る状態のことも言う。

2 頭は竜のように立派だが、しっぽは蛇のように細いという意味から、前後の釣り合いがとれない様子を表した言葉。

3「即」には「くっつく」という意味があるので、「不即」は「くっつかない」ということ。「不離」は「はなれない」。

4「敵同士である呉の国と越の国の者が同じ舟に乗り合わせて嵐に遭っても、互いに助け合ったにちがいない」とたとえた故事からできた。

この四字熟語の□に入る漢字も答えよう

① 衆《しゅう》口《こう》一《いっ》□《ち》
② 難《なん》□《こう》不《ふ》落《らく》
③ 面《めん》目《ぼく》□《やく》如《じょ》
④ 歌《か》□《ぶ》音《おん》曲《ぎょく》
⑤ 疑《ぎ》心《しん》暗《あん》□《き》
⑥ 縦《じゅう》横《おう》無《む》□《じん》

難易度 ●●○

055 四字熟語

次の四字熟語について、あとの□のひらがなを漢字にして、□に入れなさい。また、下から意味を選んで記号を答えなさい。

□1 酔生□死
□2 山□水明
□3 熟□断行
□4 晴□雨読

こう・し・む・りょ

ア 自然の景色が美しいこと。
イ よく考えた上で、思い切ってすること。
ウ 何もせずに一生を終えること。
エ 田園で穏やかに悠々と暮らすこと。

前ページの答え
①致 ②攻 ③躍 ④舞 ⑤鬼 ⑥尽

055 四字熟語 答え

1 夢・ウ

2 紫・ア

3 慮・イ

4 耕・エ

解説

1「すいせいむし」と読む。酒に酔ったような、夢を見ているような状態で死んでいくという意味から、有意義なことをせず、むなしく一生を終えることを表す。

2 山は日の光に映えて紫色に見え、川の水は澄みきって見えるということから。

3「熟慮」とは、十分考えること。「熟」には「十分に」という意味がある。「断行」は、強い態度できっぱりと行うこと。

4 晴れた日は田畑を耕し、雨の日は家にこもって読書をするような、悠々自適の暮らしを表したもの。

この四字熟語の□に入る漢字も答えよう

① 一《いっ》知《ち》□《はん》解《かい》

② 故《こ》事《じ》来《らい》□《れき》

③ □《ふ》敗《はい》堕《だ》落《らく》

④ 表《ひょう》□《り》一《いっ》体《たい》

⑤ □《ふん》励《れい》努《ど》力《りょく》

⑥ □《ごく》楽《らく》浄《じょう》土《ど》

難易度 ●●○

056 四字熟語

次の四字熟語について、あとの□のひらがなを漢字にして、□に入れなさい。また、下から意味を選んで記号を答えなさい。

□1 要害□固

□2 疾風迅□

□3 一朝一□

□4 百□夜行

き・けん・せき・らい

ア すばやく激しいこと。

イ 非常に短い時間。

ウ 得体の知れないものが我が物顔でのさばること。

エ 地形が険しく外敵に対する防備がしっかりしていること。

前ページの答え

① 半 ② 歴 ③ 腐 ④ 裏 ⑤ 奮 ⑥ 極

056 四字熟語 答え

1 堅・エ
2 雷・ア
3 夕・イ
4 鬼・ウ

解説

1「要害」は、地形が険しく攻撃から守るのに有利な場所のこと。

2「疾風」は速く激しく吹く風、「迅雷」は激しく鳴る雷という意味。

3「いっちょういっせき」と読む。「ひと朝とひと晩」から、非常に短い時間のたとえとして用いる。「一朝一夕には改善しない」のように、下に否定の言葉を伴うことが多い。

4 いろいろな化け物が、夜中に列をなして歩き回るという意味から。

この四字熟語の□に入る漢字も答えよう

① 好《こう》機《き》□《とう》来《らい》　② □《い》風《ふう》堂《どう》堂《どう》　③ □《しゅう》知《ち》徹《てっ》底《てい》

④ 意《い》気《き》消《しょう》□《ちん》　⑤ 粗《そ》□《い》粗《そ》食《しょく》　⑥ 勇《ゆう》□《もう》果《か》敢《かん》

難易度 ●●○

057 四字熟語

次の四字熟語について、あとの□のひらがなを漢字にして、□に入れなさい。また、下から意味を選んで記号を答えなさい。

□1 温□篤実
□2 人面□心
□3 粉□砕身
□4 森羅□象

こう・こつ・じゅう・ばん

ア 冷酷で恩義を知らない者。
イ 性格が穏やかで誠実なこと。
ウ 宇宙に存在する数限りないすべてのもの。
エ 力の限り懸命に努力すること。

前ページの答え
① 到
② 威
③ 周
④ 沈
⑤ 衣
⑥ 猛

057 四字熟語 答え

1 厚・イ
2 獣・ア
3 骨・エ
4 万・ウ

解説

1「温厚」は、人柄が穏やかで温かみがあり、情が深いこと。「篤実」は、情が深く、誠実で親切なこと。

2「人面」は、「じんめん」とも「にんめん」とも読む。顔は人間であるが、心は獣に等しいという意味から。

3 骨を粉にし、身を砕くほどに努力するという意味から。「社会のために粉骨砕身する」のように使う。

4「森羅」は、樹木が並び連なる様子から、「限りなく並び連なるもの」という意味。「万象」は、「形のあるすべてのもの」という意味。「ばんしょう」とも「ばんぞう」「まんぞう」とも読む。

この四字熟語の□に入る漢字も答えよう

① 和《わ》洋《よう》□《せっ》衷《ちゅう》
② □《こっ》苦《く》勉《べん》励《れい》
③ □《お》名《めい》返《へん》上《じょう》
④ □《しょう》止《し》千《せん》万《ばん》
⑤ 有《う》□《い》転《てん》変《ぺん》
⑥ 思《し》□《りょ》分《ふん》別《べつ》

難易度 ●●○

058 対義語・類義語

次の言葉の対義語・類義語を□から選んで、漢字に直しなさい。

●対義語

□ 1 閑暇

□ 2 傑物

●類義語

□ 3 激励

□ 4 酌量

こうりょ
こぶ
たぼう
ぼんじん

前ページの答え

① 折 ② 刻 ③ 汚 ④ 笑 ⑤ 為 ⑥ 慮

058
対義語・類義語 答え

1 多忙
2 凡人
3 鼓舞
4 考慮

解説

1 「閑」も「暇」も「ひま」という意味の漢字で、「閑暇」は、することが何もない状態のこと。

2 「傑物」とは、突出してひいでた人のこと。「凡人」は、特に優れたところのないただの人。

3 「激励」は、励まして奮い立たせること。「鼓舞」も、鼓を打ち、舞を舞うということから、奮い立たせるという意味。「鼓舞激励」という四字熟語がある。

4 「酌量」とは、事情をくみとって、同情的な扱いをすること。「考慮」も、判断の前にいろいろな事情を考え合わせること。

この熟語の対義語・類義語も漢字に直してみよう

① 喪失↕□ ② 絶滅↕□ ③ 貢献＝□ ④ 不意＝□

（かくとく・きよ・とうとつ・はんしょく）

難易度 ●●○

059 対義語・類義語

次の言葉の対義語・類義語を□から選んで、漢字に直しなさい。

●対義語

□ 1 寡黙

□ 2 高尚

●類義語

□ 3 駆逐

□ 4 厄介

たべん
ついほう
ていぞく
めんどう

前ページの答え

① 獲得
② 繁殖
③ 寄与
④ 唐突

059
対義語・類義語
答え

1 多弁
2 低俗
3 追放
4 面倒

解説

1 「寡」には「少ない」、「弁」には「話す」という意味があるので、上の「寡」と「多」、下の「黙」と「弁」どうしが反対の意味の漢字となっている。

2 「高尚」は、学問や言行などの程度が高く、品があること。「低俗」は、程度が低く、下品なこと。

3 「駆」にも「逐」にも「追い払う」という意味がある。「追放」も「追い払う」という意味。

4 「厄介」には、「厄介なことに巻き込まれる」という文での使われ方のように、「面倒」という意味がある。

この熟語の対義語・類義語も漢字に直してみよう

① 服従↕□　② 浄化↕□　③ 将来=□　④ 幽閉=□

（おせん・かんきん・ぜんと・はんこう）

難易度 ●●○

060 対義語・類義語

次の言葉の対義語・類義語を□から選んで、漢字に直しなさい。

●対義語

□ 1 擁護

□ 2 中庸

●類義語

□ 3 勲功

□ 4 哀訴

きょくたん
しんがい
たんがん
てがら

前ページの答え

① 反抗

② 汚染

③ 前途

④ 監禁

060
対義語・類義語
答え

1 侵害
2 極端
3 手柄
4 嘆願

解説

1 「擁護」は、損害を与えようとするものから守ること。「侵害」は、他人の権利や利益を侵し、損害を与えること。「人権擁護」「人権侵害」のように用いる。
2 「中庸」は、偏りがなく、中正であること。甚だしく偏っているのが「極端」。
3 「勲功」とは、国家や君主に尽くした功績のことで、つまり、「手柄」のこと。
4 「哀訴」は、相手の同情をひくように嘆き訴えること、「嘆願」は、事情を詳しく述べて切に嘆き願うことで、二つはほぼ同じ意味の言葉。

この熟語の対義語・類義語も漢字に直してみよう

①左遷↕□ ②醜聞↕□ ③庶民＝□ ④根底＝□
（えいてん・きばん・たいしゅう・びだん）

難易度 ●●○

061 対義語・類義語

次の言葉の対義語・類義語を□から選んで、漢字に直しなさい。

●対義語

□ 1 拘禁

□ 2 謙虚

●類義語

□ 3 懇意

□ 4 看過

こうまん しゃくほう しんみつ もくにん

前ページの答え

① 栄転
② 美談
③ 大衆
④ 基盤

061
対義語・類義語
答え

1 釈放
2 高慢
3 親密
4 黙認

解説

1「拘禁」は、捕らえて閉じ込めておくこと。特に、受刑者や被疑者などを刑務所や留置場などにとどめ置くことを言う。「拘禁」から解放するのが「釈放」。

2「謙虚」は、おごり高ぶることなく、控えめで素直なこと。「高慢」は、自分が優れていると思って、人をあなどること。

3「懇意」は、親しくしていること。「懇意にしている店がある」のように用いる。

4「看過」も「黙認」も、過失などを見逃すという意味。「看」は「よく見る」という意味の漢字。

この熟語の対義語・類義語も漢字に直してみよう

①淡泊↕□　②湿潤↕□　③丁寧＝□　④懲戒＝□

（かんそう・しょばつ・たんねん・のうこう）

難易度 ●●○

062 対義語・類義語

次の言葉の対義語・類義語を□から選んで、漢字に直しなさい。

●対義語

□ 1 衰微

□ 2 哀悼

●類義語

□ 3 動転

□ 4 首肯

ぎょうてん
しゅくが
なっとく
はんえい

前ページの答え

① 濃厚
② 乾燥
③ 丹念
④ 処罰

062
対義語・類義語
答え

1 繁栄
2 祝賀
3 仰天
4 納得

解説

1 「衰微」は、勢いが衰えてかすかになること。「衰退」も同じような意味の言葉。反対の意味の、勢いよく栄えることが「繁栄」。

2 「哀悼」は、人の死を悲しみ嘆くこと。「祝賀」は、おめでたいことを喜び祝うこと。

3 「動転」も「仰天」も、非常に驚くこと。「仰天」は、「天を仰ぐほど驚く」という意味。「動転」は、「動顚」の「顚」を常用漢字の「転」で書き換えた熟語である。

4 「首肯」は、納得してうなずくこと。「肯」には「うなずく」という意味がある。

この熟語の対義語・類義語も漢字に直してみよう

①隆起↕□　②分割↕□　③同等＝□　④輸送＝□
（いっかつ・うんぱん・ちんこう・ひってき）

難易度 ●●○

063 対義語・類義語

次の言葉の対義語・類義語を□から選んで、漢字に直しなさい。

●対義語

□ 1 怠惰

□ 2 剛健

●類義語

□ 3 卓越

□ 4 符合

がっち
きんべん
にゅうじゃく
ばつぐん

前ページの答え

① 沈降
② 一括
③ 匹敵
④ 運搬

063
対義語・類義語
答え

1 勤勉
2 柔弱
3 抜群
4 合致

解説
1「怠」も「惰」も、「おこたる・なまける」という意味。「勤勉」は、一生懸命励むこと。

2「剛健」は、心も体も強く、たくましいこと。「柔弱」は、心も体も弱いこと。「じゅうじゃく」とも読む。「柔」を「にゅう」と読む熟語には、「柔和《にゅうわ》」もある。

3「卓」も「越」も、抜きん出て優れているという意味をもつ。「抜群」も、群を抜いて優れていること。

4「符号」ではないので注意。「符合」は、いくつかの事柄がぴったりと合うこと。


この熟語の対義語・類義語も漢字に直してみよう
①恥辱↕□ ②混乱↕□ ③屋敷＝□ ④逝去＝□
（えいみん・ちつじょ・ていたく・めいよ）

難易度 ●●○

064 部首

次の漢字の部首を答えなさい。

1 艇 □

2 雰 □

3 嚇 □

4 扉 □

5 頻 □

前ページの答え

① 名誉
② 秩序
③ 邸宅
④ 永眠

064 部首 答え

1 舟
2 ⻗
3 口
4 戸
5 頁

解説

1「舟」は、ふねの形にかたどった漢字。

2「雨」は、天から水滴が落ちてくる様子を表した漢字で、部首の「⻗（あめかんむり）」は、気象に関係する漢字を作る。

3「嚇」は、「口（くちへん）」と「赫」で、「激しく怒る声・おどす」という意味を表す。

4「戸」は、「門」の片方の形。「戸」が垂《たれ》になったものが「戸（とだれ・とかんむり）」。

5 部首は「頁（おおがい）」。「頁」は「頭」の意味。「貝」という漢字に似ていることから「おおがい」と呼ぶ。

この漢字の部首も答えよう

①循 ②薦 ③宜 ④享
⑤酬 ⑥轄 ⑦赴 ⑧漸

難易度 ●●○

065 部首

次の漢字の部首を答えなさい。

1 碁 □

2 剛 □

3 旋 □

4 廷 □

5 疫 □

前ページの答え

① 亻 ② 艹 ③ 宀 ④ 亠 ⑤ 酉 ⑥ 車 ⑦ 走 ⑧ 冫

065
部首
答え

1 石

2 刂

3 方

4 廴

5 疒

解説

1 部首名は「いし」。左側にあるときは「石(いしへん)」。

2 「刀」は刃物の形にかたどった漢字で、「刂(りっとう)」は「刀」が変形して旁《つくり》になったもの。

3 部首の「方(ほうへん・かたへん)」は、「㫃」の省略した形で、「旗」という意味がある。

4 「廴(えんにょう)」は、もとは「彳」と同じもので、「行く・道」の意味。

5 「疒(やまいだれ)」は、寝台の上で人が力なく寝ている様子を表したもので、「病気」の意味を表す部首。準2級配当漢字には「症」「痴」「癒」「痢」もある。

この漢字の部首も答えよう

①勅　②妄　③殿　④宵

⑤欧　⑥鶏　⑦髄　⑧呈

難易度 ●●○

066 部首

次の漢字の部首を答えなさい。

1 累

2 矯

3 督

4 邸

5 患

前ページの答え

① 力 ② 女 ③ 殳 ④ 宀 ⑤ 欠 ⑥ 鳥 ⑦ 骨 ⑧ 口

066 部首 答え

1 糸
2 矢
3 目
4 卩
5 心

解説

1 左側にあるときは「糸（いとへん）」となるが、ほかの位置にある場合は「糸（いと）」。

2「矢（やへん）」は「矢」が偏になった形。「矯」は、「曲がったものをまっすぐに直す」という意味。

3「督」は「見張って正しくする」という意味。

4 部首名は「おおざと」。左側にある場合は「卩（こざとへん）」で、もとになった漢字が違う。

5 部首名は「こころ」。左側にあるときは「忄（りっしんべん）」。準2級配当漢字で部首が「心」の漢字には、「慶」「懸」「懇」「愁」「懲」「忍」「悠」がある。

この漢字の部首も答えよう

①昼 ②頒 ③剰 ④酌
⑤逝 ⑥秀 ⑦叔 ⑧壱

難易度 ●●○

067 部首

次の漢字の部首を答えなさい。

1 煩 □

2 堪 □

3 妥 □

4 践 □

5 靴 □

前ページの答え

① 土 ② 頁 ③ 刂 ④ 酉 ⑤ 辶 ⑥ 禾 ⑦ 又 ⑧ 士

067 部首 答え

1 火
2 ｷ
3 女
4 𧾷
5 革

解説

1「煩」は会意文字で、部首は「頁（おおがい）」としている辞書もある。漢検では「火（ひへん）」としているので、検定を受けるときは注意を要する。

2「ｷ（つちへん）」の準2級配当漢字には、ほかに「堀」「壌」「垣」「坪」「培」「塀」「塚」がある。

3「妥」は、「穏やかに落ち着かせる」という意味の漢字。

4「𧾷（あしへん）」は、「足」が偏になったもの。「足」と「𧾷」は、少し形が違うので、書くときに注意する。

5「革（かわへん）」の常用漢字は「靴」のみ。現代中国語で「靴」は「長靴」のこと。

この漢字の部首も答えよう

① 貢　② 索　③ 窮　④ 淑
⑤ 塑　⑥ 懇　⑦ 迭　⑧ 摩

難易度 ●●○

068 部首

次の漢字の部首を答えなさい。

1 奨 □

2 幾 □

3 朕 □

4 斥 □

5 唇 □

前ページの答え

① 貝 ② 糸 ③ 穴 ④ 氵 ⑤ 土 ⑥ 心 ⑦ 辶 ⑧ 手

068 部首 答え

1 大
2 幺
3 月
4 斤
5 口

解説

1 部首名は「だい」。準2級配当漢字「奔」もこの部首。

2 部首名は「よう・いとがしら」。「小さい・幼い」という意味を表す部首。

3 部首名は「つきへん」。「月」が偏になったもの。同じ形に「月(にくづき)」という部首があるが、こちらは「肉」が偏になったもの。

4 部首名は「きん」。旁《つくり》になると「斤(おのづくり)」となる。「斥」は「しりぞける」という意味の漢字。

5 「唇」は、口に関係する意味をもつので、部首は「口(くち)」だと判断できる。

この漢字の部首も答えよう

①羅 ②朱 ③履 ④掌
⑤癒 ⑥匠 ⑦準 ⑧寡

難易度 ●●○

069 部首

次の漢字の部首を答えなさい。

1 尉 □

2 辞 □

3 堕 □

4 了 □

5 弊 □

前ページの答え

① 罒 ② 木 ③ 尸 ④ 手 ⑤ 疒 ⑥ 匚 ⑦ 冫 ⑧ 宀

069
部首
答え

1 寸
2 辛
3 土
4 亅
5 廾

解説

1 部首名は「すん」。「寿」「封」「尋」もこの部首。
2 部首名は「からい」。「辛」は、もともとは奴隷の額に入れ墨を入れるときに使う針の形を表した漢字と言われている。
3 部首は「土（つち）」。偏になると「扌（つちへん）」。
4 部首名は「はねぼう」。「争」「事」「予」もこの部首。「中」「串」の部首は「丨（ぼう・たてぼう）」。
5 部首名は「こまぬき・にじゅうあし」。「弊」の「廾」は「犬」が変わった形で、「弊」は、犬が倒れる意味を表したという説もある。

この漢字の部首も答えよう

①賄　②甲　③顕　④幣
⑤翻　⑥膨　⑦虜　⑧衰

難易度 ●●○

070 熟語の構成

あとの熟語は、次の熟語の構成ア〜オのどれにあたるか。

ア 同じような意味の漢字を重ねたもの
イ 反対または対応の意味を表す字を重ねたもの
ウ 上の字が下の字を修飾しているもの
エ 下の字が上の字の目的語・補語になっているもの
オ 上の字が下の字の意味を打ち消しているもの

□1 隠顕
□2 漸進
□3 研磨
□4 遭難
□5 不穏

前ページの答え
① 貝 ② 田 ③ 頁 ④ 巾 ⑤ 羽 ⑥ 月 ⑦ 虍 ⑧ 衣

070 熟語の構成 答え

1 イ
2 ウ
3 ア
4 エ
5 オ

解説

1「顕」は「あきらかになる・あらわれる」という意味。「隠顕」は「隠れたり見えたりすること」。

2「漸」は「だんだんと・次第に」という意味なので、「漸進」は「次第に進むこと」。「漸」は、「わずかの時間」という意味の「暫」とは区別して覚えておく。

3「研」は「とぐ」、「磨」は「みがく」で、同じような意味の漢字の組み合わせ。

4 下から読むと「難に遭う」。下の字「難」が上の字「遭」の目的語・補語になっている。

5「不穏」は「おだやかでないこと」。

この熟語の構成も記号で答えよう

①旋風　②核心　③雅俗　④懲悪
⑤未到　⑥納涼　⑦腐臭　⑧威嚇

難易度 ●●○

071 熟語の構成

あとの熟語は、次の熟語の構成ア～オのどれにあたるか。

ア 同じような意味の漢字を重ねたもの
イ 反対または対応の意味を表す字を重ねたもの
ウ 上の字が下の字を修飾しているもの
エ 下の字が上の字の目的語・補語になっているもの
オ 上の字が下の字の意味を打ち消しているもの

□ 1 座礁
□ 2 俊敏
□ 3 禍根
□ 4 無謀
□ 5 虚実

前ページの答え
① ウ ② ア ③ イ ④ エ ⑤ オ ⑥ エ ⑦ ウ ⑧ ア

071
熟語の構成
答え

1 エ
2 ア
3 ウ
4 オ
5 イ

解説

1「礁」は、水面下にあって、見え隠れしている海底の突起物のこと。そこに乗り上げる（「座」）のが「座礁」。

2「俊」も「敏」も「さとい」という意味で、同じような意味の漢字の組み合わせ。

3「禍」は「わざわい」という意味で、「禍根」は「わざわいの元（「根」）」という意味。

4「無謀」は「深い考えがないこと」。「謀」には「くわだてる・たくらみ」という意味がある。

5「虚」は「中身がない・うそ」という意味で、「虚」と「実」は反対の意味の漢字。

この熟語の構成も記号で答えよう

①頻発　②不詳　③河畔　④去就
⑤飢餓　⑥出没　⑦赴任　⑧旋回

難易度 ●●○

072 熟語の構成

あとの熟語は、次の熟語の構成ア〜オのどれにあたるか。

ア 同じような意味の漢字を重ねたもの
イ 反対または対応の意味を表す字を重ねたもの
ウ 上の字が下の字を修飾しているもの
エ 下の字が上の字の目的語・補語になっているもの
オ 上の字が下の字の意味を打ち消しているもの

□1 未刊
□2 精粗
□3 懐疑
□4 分析
□5 銃創

前ページの答え
① ウ
② オ
③ ウ
④ イ
⑤ ア
⑥ イ
⑦ エ
⑧ ア

072
熟語の構成 答え

1 オ
2 イ
3 エ
4 ア
5 ウ

解説

1 「未刊」は「いまだに（「未」）刊行されないこと」。

2 「精」には、「精密」のように、「こまかい」という意味もあるので、「精」と「粗」は反対の意味の漢字。

3 「懐疑」は「疑いをいだくこと」。「懐」には「いだく」という意味がある。

4 「析」には「分解する」という意味があるので、「分析」は同じような意味の漢字の組み合わせ。

5 「創」には「傷」という意味があるので、「銃創」は「銃によってできた傷」。上の漢字「銃」が下の漢字「創」を修飾している。

この熟語の構成も記号で答えよう

① 不浄　② 邪推　③ 迎賓　④ 享受
⑤ 愉悦　⑥ 仰天　⑦ 屈伸　⑧ 義憤

難易度 ●●○

073 熟語の構成

あとの熟語は、次の熟語の構成ア～オのどれにあたるか。

ア 同じような意味の漢字を重ねたもの
イ 反対または対応の意味を表す字を重ねたもの
ウ 上の字が下の字を修飾しているもの
エ 下の字が上の字の目的語・補語になっているもの
オ 上の字が下の字の意味を打ち消しているもの

□1 濫造

□2 無為

□3 経緯

□4 叙景

□5 余剰

前ページの答え

①オ ②ウ ③エ ④ア ⑤ア ⑥エ ⑦イ ⑧ウ

073 熟語の構成 答え

1 ウ
2 オ
3 イ
4 エ
5 ア

解説

1「濫」は「度が過ぎる・むやみやたらに」という意味。「濫造」は「むやみに造る」という意味で、上の漢字「濫」が下の漢字「造」を修飾している。

2「無為」は「何もしないこと・作為がないこと」。

3「経」は縦糸、「緯」は横糸の意味なので、「経」と「緯」は対の意味の漢字。

4「叙」には「述べる」という意味がある。「叙景」は「景色を述べる」という意味。「叙情」は「感情を述べる」。

5「剰」は「あまる・あまり」という意味の漢字なので、「余剰」は同じような意味の漢字の組み合わせ。

この熟語の構成も記号で答えよう

①洞穴　②懇談　③暗礁　④紛糾
⑤還元　⑥不滅　⑦喫茶　⑧起伏

難易度 ●●○

074 熟語の構成

あとの熟語は、次の熟語の構成ア〜オのどれにあたるか。

ア 同じような意味の漢字を重ねたもの
イ 反対または対応の意味を表す字を重ねたもの
ウ 上の字が下の字を修飾しているもの
エ 下の字が上の字の目的語・補語になっているもの
オ 上の字が下の字の意味を打ち消しているもの

□1 免租
□2 検閲
□3 不振
□4 勅使
□5 長幼

前ページの答え
① ア ② ウ ③ ウ ④ ア ⑤ エ ⑥ オ ⑦ エ ⑧ イ

074 熟語の構成 答え

1 エ
2 ア
3 オ
4 ウ
5 イ

解説

1「租」は「租税」のことで、「免租」は、「租税を免除する」という意味。

2「検」も「閲」も「しらべる」という意味なので、「検閲」は同じような意味の漢字の組み合わせ。

3「不振」は「ふるわないこと」。

4「勅」とは「天子の命令」という意味で、「勅使」は、「天子の命令を伝える使者」のこと。

5「長幼」とは「大人と子供」という意味。よって、「長」と「幼」は、対の意味で使われている。「長幼の序」のように使われる。

この熟語の構成も記号で答えよう

①得喪　②諭旨　③独吟　④解剖
⑤学窓　⑥把握　⑦述懐　⑧未詳

難易度 ●●○

075 熟語の構成

あとの熟語は、次の熟語の構成ア～オのどれにあたるか。

ア 同じような意味の漢字を重ねたもの
イ 反対または対応の意味を表す字を重ねたもの
ウ 上の字が下の字を修飾しているもの
エ 下の字が上の字の目的語・補語になっているもの
オ 上の字が下の字の意味を打ち消しているもの

□ 1 点滅
□ 2 尚早
□ 3 罷業
□ 4 無恥
□ 5 逸脱

前ページの答え
① イ ② エ ③ ウ ④ ア ⑤ ウ ⑥ ア ⑦ エ ⑧ オ

075 熟語の構成 答え

1 イ
2 ウ
3 エ
4 オ
5 ア

解説

1 「点」には「火や明かりをつける」という意味があるので、「点」と「滅」は反対の意味で使われている。
2 「尚」には「まだ」という意味があるので、「尚早」は「まだ早い」という意味。上の漢字「尚」が下の漢字「早」を修飾している。
3 「罷」は「やめる」という意味なので、「罷業」は「業務をやめる」という意味。
4 「無恥」は、「恥を恥と思わないこと」。
5 「逸」にも「脱」にも「それる・はずれる」という意味があり、「逸脱」は同じような意味の漢字の組み合わせ。

この熟語の構成も記号で答えよう

① 弊風　② 参禅　③ 添削　④ 不慮
⑤ 模擬　⑥ 謹聴　⑦ 報酬　⑧ 遵法

ちょっと休憩
5

熟語パズル

それぞれ八つの二字熟語ができるように、真ん中の□に漢字を入れなさい。真ん中の漢字が先でも後でも構いません。また、八つの漢字が分かったら、それらを並べかえて、二つの四字熟語を作りなさい。

答えは286ページ

例

身	体	乱
町	内	輪
参	服	裏

手	生	衛
眼	□	気
科	出	門

過	失	予
多	□	断
寝	方	片

日	程	悔
先		直
方	進	味

大	好	妙
根		断
気	望	食

便	利	用
法		意
和	穏	当

商	血	流
品		素
現	列	直

虚	像	費
写		用
真	忠	誠

中	手	調
耳		白
色	論	夜

四字熟語

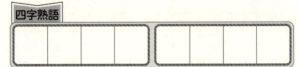

第六章

よく出る問題

漢検には、よく出題される問題があります。
ここでは、実際の検定試験において
何度か出題されている問題を集めています。

難易度 ●●○

076 漢字の読み

次の——線の漢字の読みを答えなさい。

□1 管轄の部署。

□2 大空を旋回する。

□3 安逸に過ごす。

□4 勝利に沸く観衆。

□5 言葉を交わす。

180ページの答え

① ウ ② エ ③ イ ④ オ ⑤ ア ⑥ ウ ⑦ ア ⑧ エ

076 漢字の読み 答え

1 かんかつ
2 せんかい
3 あんいつ
4 わ
5 か

解説

1 「管轄」は「与えられた権限によって、ある範囲を支配すること」。「統轄《とうかつ》」「直轄《ちょっかつ》」も出題されている。

2 「旋」は「めぐる・かえる」という意味の漢字。「施」と似ているので、「しかい」などと読まないこと。

3 「逸」は「はずれる・優れている」という意味の漢字。「漢字の読み」の問題として、「秀逸《しゅういつ》」「逸品《いっぴん》」「逸脱《いつだつ》」「散逸《さんいつ》」なども出題されている。

4 「沸く」は「沸騰する・熱狂する」、「湧く」は「水などが地中から噴き出る・感情が生じる」の意味。

5 「行き交う」「飛び交う」の形でも出題される。

この漢字も読んでみよう

①煩忙 ②寡黙 ③高尚 ④急騰
⑤献身 ⑥難渋 ⑦嫌だ ⑧挑む

難易度 ●●○

077 漢字の読み

次の――線の漢字の読みを答えなさい。

□1 税の督促。

□2 享楽的な暮らし。

□3 外科にかかる。

□4 心を煩わす。

□5 言葉を挟む。

前ページの答え

① はんぼう
② かもく
③ こうしょう
④ きゅうとう
⑤ けんしん
⑥ なんじゅう
⑦ いや
⑧ いど

077
漢字の読み 答え

1 とくそく
2 きょうらく
3 げか
4 わずら
5 はさ

解説

1 「督促」は「約束したことを実行するようにうながすこと」。

2 「享楽」は「楽しみを受けること」。「漢字の読み」の問題として、「享受《きょうじゅ》」「享有《きょうゆう》」「享年《きょうねん》」も出題されている。

3 「がいか」と読まないように注意。「外道」も「外」を「ゲ」と読む言葉。

4 「煩」は、左側の「火」が熱の意味、右側の「頁」が頭の意味で、「熱があって頭が痛い」というのが、もともとの意味。

5 「挟」は「狭」と形が似ているので注意する。

この漢字も読んでみよう

① 銘菓 ② 窮迫 ③ 派閥 ④ 奪還
⑤ 広漠 ⑥ 醜態 ⑦ 偽る ⑧ 且つ

難易度 ●●○

078 漢字の読み

次の――線の漢字の読みを答えなさい。

□1 材料を吟味する。

□2 適宜、修正する。

□3 将来に禍根を残す。

□4 人目を忍ぶ。

□5 心の渇きをいやす。

前ページの答え

① めいか
② きゅうはく
③ はばつ
④ だっかん
⑤ こうばく
⑥ しゅうたい
⑦ いつわ
⑧ か

078 漢字の読み 答え

1 ぎんみ
2 てきぎ
3 かこん
4 しの
5 かわ

解説

1「吟味」は「物事を詳しく調べること」。「節をつけて詩歌を歌うこと」を表す「吟詠《ぎんえい》」もよく出題される。

2「宜」は「よろしい」という意味の漢字。「宜」は「宣《せん》伝《でん》」の「宣」と形が似ているので、区別して覚えること。

3「禍」は「わざわい」という意味の漢字。ほかにも、「災禍《さいか》」「惨禍《さんか》」が出題されている。

4 音読みは「ニン」。「漢字の読み」の問題として、「残忍《ざんにん》」「忍苦《にんく》」などが出題されている。

5「渇く」は、比喩的に、うるおいを与えてくれるものを強く欲するという意味でも使う。

この漢字も読んでみよう

①宮廷 ②謄本 ③頑強 ④渓谷
⑤宣誓 ⑥解析 ⑦偏る ⑧調う

難易度 ●●○

079 部首

次の漢字の部首を答えなさい。

1 衝

2 褒

3 栽

4 薫

5 賓

前ページの答え

① きゅうてい
② とうほん
③ がんきょう
④ けいこく
⑤ せんせい
⑥ かいせき
⑦ かたよ
⑧ ととの

079 部首答え

1 行
2 衣
3 木
4 艹
5 貝

解説

1「亻(ぎょうにんべん)」ではないので注意。右側に「亍」があれば、部首は「行(ぎょうがまえ・ゆきがまえ)」。

2 部首名は「ころも」。偏になると「衤(ころもへん)」。

3「栽」は、木に関係する意味をもつので、部首は「木(き)」だと判断できる。

4 部首は「灬(れんが・れっか)」ではなく、「艹(くさかんむり)」。「薫」は、もともとは「香りのよい草」という意味で、「草」に関係する漢字。

5「貝」は、子安貝の形にかたどった漢字。古代では、貝は貨幣として使われたため、宝・財宝の意味がある。

この漢字の部首も答えよう

①泰　②蛍　③窯　④尼
⑤軟　⑥款　⑦庸　⑧寧

難易度 ●●○

080 部首

次の漢字の部首を答えなさい。

1 充 □

2 畝 □

3 麻 □

4 戻 □

5 韻 □

前ページの答え

① 氺 ② 虫 ③ 穴 ④ 尸 ⑤ 車 ⑥ 欠 ⑦ 广 ⑧ 宀

080
部首
答え

1 儿
2 田
3 麻
4 戸
5 音

解説

1「儿（ひとあし・にんにょう）」は、人の動作やありさまを表す部首。

2「畝」は、田畑に関係する意味をもつので、部首は「田（た）」だと判断できる。

3「麻」は全体で一つの部首。準2級配当漢字「摩」「磨」の部首は、それぞれ「手」「石」。
4 部首は「大（だい）」ではなく、「戸（とだれ・とかんむり）」。
5「韻」は、「イン」という音読みから、読み方を表す部分が「員」で、意味を表す部分が「音」だと判断できる。

この漢字の部首も答えよう

① 献 ② 殉 ③ 罷 ④ 亭
⑤ 昆 ⑥ 恭 ⑦ 叙 ⑧ 窃

難易度 ●●○

081 部首

次の漢字の部首を答えなさい。

1 缶 □

2 彰 □

3 虞 □

4 耗 □

5 衷 □

前ページの答え

① 犬 ② 歹 ③ 罒 ④ 亠 ⑤ 日 ⑥ ⺌ ⑦ 又 ⑧ 穴

081
部首
答え

1 缶
2 彡
3 虍
4 耒
5 衣

解説

1「缶」は全体で一つの部首。部首名は「ほとぎ」。「ほとぎ」とは、胴が太く、口が小さい土器のこと。

2「彡（さんづくり）」は、「輝き・美しい飾り」という意味をもつ部首。「彩」「彫」などもこの部首。

3「虍（とらがしら・とらかんむり）」は、虎の頭の形にかたどった部首。「虞」は、もとは虎に似た獣を表した。
4 部首名は「すきへん・らいすき」。畑を耕す道具の「すき」の意味をもつ部首。「耕」もこの部首。
5「衷」は「衣」と「中」を合わせた漢字で、「中・まごころ」という意味をもつ。

この漢字の部首も答えよう

①帥 ②准 ③殻 ④崇
⑤磨 ⑥囚 ⑦劾 ⑧刃

難易度 ●●○

082 熟語の構成

あとの熟語は、次の熟語の構成ア〜オのどれにあたるか。

ア 同じような意味の漢字を重ねたもの
イ 反対または対応の意味を表す字を重ねたもの
ウ 上の字が下の字を修飾しているもの
エ 下の字が上の字の目的語・補語になっているもの
オ 上の字が下の字の意味を打ち消しているもの

□1 寛厳
□2 挑戦
□3 未遂
□4 搭乗
□5 急逝

前ページの答え
①巾 ②冫 ③殳 ④山 ⑤石 ⑥口 ⑦力 ⑧刀

082 熟語の構成 答え

1 イ
2 エ
3 オ
4 ア
5 ウ

解説

1「寛厳」は「寛大なことと厳格なこと」という意味。「寛」と「厳」は反対の意味の漢字。

2 下から読むと「戦いに挑む」。下の字「戦」が上の字「挑」の目的語・補語になっている。

3「未遂」は「いまだに成し遂げていないこと」。

4「搭」も「乗る・乗せる」という意味の漢字なので、「搭乗」は同じような意味の漢字の組み合わせ。

5「逝」は「人が死ぬ」という意味で、「急逝」は「急に死ぬこと」。

この熟語の構成も記号で答えよう

①扶助 ②塑像 ③廃刊 ④媒介
⑤不偏 ⑥遮光 ⑦緒論 ⑧巧拙

難易度 ●●○

083 熟語の構成

あとの熟語は、次の熟語の構成ア～オのどれにあたるか。

ア 同じような意味の漢字を重ねたもの
イ 反対または対応の意味を表す字を重ねたもの
ウ 上の字が下の字を修飾しているもの
エ 下の字が上の字の目的語・補語になっているもの
オ 上の字が下の字の意味を打ち消しているもの

□1 奔流

□2 禍福

□3 虜囚

□4 贈賄

□5 不遇

前ページの答え

①ア ②ウ ③エ ④ア ⑤オ ⑥エ ⑦ウ ⑧イ

083
熟語の構成
答え

1 ウ
2 イ
3 ア
4 エ
5 オ

解説

1「奔」は「はしる」という意味で、「奔走」という熟語もある。「奔流」は「急な流れ」のこと。
2「禍」は「わざわい」という意味なので、「禍」と「福」は反対の意味の漢字。
3「虜」も「囚」も「とらわれた人」という意味で、「虜囚」は同じような意味の漢字の組み合わせ。
4「賄」は「わいろ」のことで、「贈賄」は「わいろを贈る」という意味。
5「遇」は「あう」という意味。「不遇」は「運が悪く、才能に見合った境遇を得ていないこと」。

この熟語の構成も記号で答えよう

①抑揚　②漆黒　③争覇　④無粋
⑤枢要　⑥上棟　⑦逸話　⑧安寧

難易度 ●●○

084 熟語の構成

あとの熟語は、次の熟語の構成ア〜オのどれにあたるか。

ア 同じような意味の漢字を重ねたもの
イ 反対または対応の意味を表す字を重ねたもの
ウ 上の字が下の字を修飾しているもの
エ 下の字が上の字の目的語・補語になっているもの
オ 上の字が下の字の意味を打ち消しているもの

□1 珠玉
□2 不肖
□3 庶務
□4 検疫
□5 往還

前ページの答え
①イ ②ウ ③エ ④オ ⑤ア ⑥エ ⑦ウ ⑧ア

084 熟語の構成 答え

1 ア
2 オ
3 ウ
4 エ
5 イ

解説

1「珠」も「玉」も「たま」の意味なので、「珠玉」は同じような意味の漢字の組み合わせ。

2「肖」は「似る」という意味で、「不肖」は「父に似ていない不出来な息子」のこと。

3「庶」には「いろいろな」という意味があるので、「庶務」は「いろいろな事務」という意味。

4「検」は「調べる」、「疫」は「はやり病」のことなので、「検疫」は、「はやり病を調べる」という意味。

5「往」は行くこと、「還」は戻ることなので、「往」と「還」は反対の意味の漢字。

この熟語の構成も記号で答えよう

① 酷使　② 不惑　③ 災禍　④ 酪農
⑤ 存廃　⑥ 謹慎　⑦ 殉教　⑧ 繁閑

難易度 ●●○

085 四字熟語

次の四字熟語について、あとの□のひらがなを漢字にして、□に入れなさい。また、下から意味を選んで記号を答えなさい。

□ 1 当意□妙

□ 2 外□内剛

□ 3 群雄割□

□ 4 傍□無人

きょ・じゃく・じゅう・そく

ア すばやくその場にふさわしい対応をすること。

イ 実力者たちが各地に勢力を張り、対立していること。

ウ 人のことを気にかけず、自分勝手に振る舞うこと。

エ 見た目は優しげだが、意志が強くしっかりしていること。

前ページの答え

① ウ ② オ ③ ア ④ ウ ⑤ イ ⑥ ア ⑦ エ ⑧ イ

085 四字熟語 答え

1 即・ア
2 柔・エ
3 拠・イ
4 若・ウ

解説

1「即」を、同じ読みの「則」「促」などとしないように注意。「ただちに」という意味がある「即」が正しい。「当意即妙の受け答えをする」などと使う。

2「内剛外柔」とも言う。見た目はおとなしくて優しそうだが、内面はしっかりしている人に対して使う。

3「群雄《ぐんゆう》」とは、多くの英雄たちのこと。「割拠《かっきょ》」は、それぞれが領地を分かち取り、勢力を張ること。中国や日本の戦国時代が「群雄割拠」の状態である。

4 訓読すると「傍《かたわ》らに人無きが若《ごと》し」。そばに人がいないかのように振る舞うこと。

この四字熟語の□に入る漢字も答えよう

① 冠《かん》□《こん》葬《そう》祭《さい》
② 徹《てっ》頭《とう》徹《てつ》□《び》
③ □《きょう》天《てん》動《どう》地《ち》
④ 抱《ほう》腹《ふく》絶《ぜっ》□《とう》
⑤ 栄《えい》□《こ》盛《せい》衰《すい》
⑥ 孤《こ》立《りつ》無《む》□《えん》

難易度 ●●○

086 四字熟語

次の四字熟語について、あとの□のひらがなを漢字にして、□に入れなさい。また、下から意味を選んで記号を答えなさい。

□1 良風美□

□2 少壮気□

□3 美辞□句

□4 夏炉冬□

ア うわべだけを飾った言葉。
イ 健康的でよい習慣のこと。
ウ 季節外れで役に立たないもの。
エ 若くて意気盛んで、将来が期待されること。

えい・せん・ぞく・れい

前ページの答え
① 婚 ② 尾 ③ 驚 ④ 倒 ⑤ 枯 ⑥ 援

086 四字熟語 答え

1 俗・イ

2 鋭・エ

3 麗・ア

4 扇・ウ

解説

1「風」も「俗」も「風習・風俗」のことで、「良風」と「美俗」は同じ意味。

2「少壮」は、若くて意気盛んなこと。「気鋭」は、意気込みが鋭いこと。

3「美辞」も「麗句」も「美しく飾った言葉」のこと。口先だけで内容や真実味のない言葉を指す場合が多い。

4「夏の囲炉裏《いろり》と冬の扇」の意味で、季節外れで役に立たないもののたとえ。役に立たない才能のたとえにも使われる。

この四字熟語の□に入る漢字も答えよう

① 旧態《きゅうたい》□《い》然《ぜん》
② 心頭《しんとう》滅《めっ》□《きゃく》
③ □《こ》舞《ぶ》激励《げきれい》
④ 巧《こう》□《ち》拙速《せっそく》
⑤ □《ぜ》非善悪《ひぜんあく》
⑥ 信賞必《しんしょうひつ》□《ばつ》

難易度 ●●○

087 四字熟語

次の四字熟語について、あとの□のひらがなを漢字にして、□に入れなさい。また、下から意味を選んで記号を答えなさい。

□1 □面仏心

□2 □思黙考

□3 一□打尽

□4 怒□衝天

き・ちん・はつ・もう

ア 悪人たちをひとまとめに捕まえること。
イ 顔は怖そうだが、内面はとても優しいこと。
ウ 激しくいきどおる表情のこと。
エ 何も言わず、じっくりと思索にふけること。

前ページの答え
① 依 ② 却 ③ 鼓 ④ 遅 ⑤ 是 ⑥ 罰

087
四字熟語
答え

1 鬼・イ
2 沈・エ
3 網・ア
4 髪・ウ

解説

1 見た目は鬼のように怖い顔だが、本当は仏のように慈悲深く優しい心をもっていることで、そのような人に対しても使う。

2 「沈思《ちんし》」は、思いに深く沈むこと。「黙考《もっこう》」は、黙って考えること。

3 一度打った網で、そこにいる魚を取り尽くすということから。

4 訓読すると「怒髪《どはつ》天を衝《つ》く」。「怒髪」とは、激しい怒りのために逆立った髪の毛のことで、これが天を衝くほど、激しい怒りの形相となるということ。

この四字熟語の□に入る漢字も答えよう

① 物情《ぶつじょう》□《そう》然《ぜん》
② 千《せん》□《し》万紅《ばんこう》
③ 雲散《うんさん》□《む》消《しょう》
④ 一罰百《いちばつひゃっ》□《かい》
⑤ □《いん》忍自重《にんじちょう》
⑥ □《ふ》遍妥当《へんだとう》

難易度 ●●○

088 対義語・類義語

次の言葉の対義語・類義語を□から選んで、漢字に直しなさい。

●対義語

□ 1 削除

□ 2 醜悪

●類義語

□ 3 紛糾

□ 4 互角

こんらん
てんか
はくちゅう
びれい

前ページの答え

① 騒
② 紫
③ 霧
④ 戒
⑤ 隠
⑥ 普

088
対義語・類義語
答え

1 添加
2 美麗
3 混乱
4 伯仲

解説

1 「削除」は「削る」と「除く」、「添加」は「添える」と「加える」で、上下の漢字ともに意味が反対。
2 「醜悪」は「醜い」と「悪い」、「美麗」は「美しい」と「麗《うるわ》しい」で、上下の漢字ともに意味が反対。
3 「紛糾」は、もつれてまとまらなくなること。「紛」も「糾」も「もつれる」という意味。
4 「互角」は、牛の左右の角に大小や長短の差がないことから、「伯仲」は、長兄と次兄という意味で、この二人に差がないということから、両者の力量が同じで優劣がないという意味を表す。

この熟語の対義語・類義語も漢字に直してみよう

①享楽↕□ ②購入↕□ ③憤慨＝□ ④回顧＝□
（きんよく・げきど・ついおく・ばいきゃく）

難易度 ●●○

089 対義語・類義語

次の言葉の対義語・類義語を□から選んで、漢字に直しなさい。

●対義語

□ 1 緩慢

□ 2 煩雑

●類義語

□ 3 泰然

□ 4 死角

かんりゃく
じんそく
ちんちゃく
もうてん

前ページの答え

① 禁欲
② 売却
③ 激怒
④ 追憶

089
対義語・類義語 答え

1 迅速
2 簡略
3 沈着
4 盲点

解説

1「緩慢」は、動きがゆっくりしていてのろいこと。「迅速」は、動きが非常にすばやいこと。
2「煩雑」は、込み入っていてわずらわしいこと。
3「泰然」も「沈着」も、落ち着きがあって物事に動じない様子を表す。
4「死角」とは、障害物や銃砲の構造のために、どうしても射撃できない範囲のことで、ある所から見えない範囲という意味も表す。「盲点」とは、網膜の一部で、光に対する感受性を欠いている部分のことで、うっかり見落としているところという意味も表す。

この熟語の対義語・類義語も漢字に直してみよう

①希釈↕□　②漠然↕□　③変遷＝□　④醜聞＝□
（おめい・すいい・せんめい・のうしゅく）

難易度 ●●○

090 対義語・類義語

次の言葉の対義語・類義語を□から選んで、漢字に直しなさい。

●対義語

□1 凡庸

□2 中枢

●類義語

□3 是認

□4 猶予

いだい
えんき
こうてい
まったん

前ページの答え

① 濃縮

② 鮮明

③ 推移

④ 汚名

090 対義語・類義語 答え

1 偉大
2 末端
3 肯定
4 延期

解説

1「凡庸」は、優れた点がなく、平凡なこと。「凡」も「庸」も「ありふれた」という意味がある。「偉大」は、「偉い」と「大きい」で、優れていて立派だという意味。

2「中枢」は、中心となる大事なところ。「末端」は、中心から一番遠い部分。

3「是認」は、よいと認めること。「肯定」は、その通りであると認めること。

4「猶予」は、実行するのを延期すること。「猶」には「ためらう・先に延ばす」という意味がある。


この熟語の対義語・類義語も漢字に直してみよう

①懐柔↕□ ②寛容↕□ ③奔走＝□ ④遺憾＝□

(いあつ・げんかく・ざんねん・じんりょく)

難易度 ●●○

091 同音・同訓異字

次の——線のカタカナを漢字に直しなさい。

1 丁重な言葉にキョウ縮する。
2 現在の状キョウを報告する。

3 動物の繁ショク。
4 感ショクのいい布。

5 用事がスむ。
6 スんだ歌声。

前ページの答え
① 威圧
② 厳格
③ 尽力
④ 残念

091 同音・同訓異字 答え

1 恐
2 況
3 殖
4 触
5 済
6 澄

解説

1「強縮」としないように注意する。「恐縮」は、恐れ入って身を縮めることなので、「恐」。

2「況」には、「様子・くらべる」などの意味がある。

3「殖」は「子孫や財産をふやす」という意味。「養殖」「利殖」などの熟語がある。

4「感触」とは、手や体がほかのものに触れたときに得られる感じのことなので、「触」。

5「終わる」の意味のときは「済む」。

6「にごりがなくなる」の意味のときは「澄む」。

この——線の部分も漢字で書いてみよう

① 契約のコウ新
② 原コウ用紙
③ 勉強をシいる
④ 過半数をシめる

難易度 ●●○

092 同音・同訓異字

次の――線のカタカナを漢字に直しなさい。

1 仕事のイ頼をする。 □
2 食物繊イを摂取する。 □

3 使トを明らかにする。 □
4 会社を譲トする。 □

5 車をカる。 □
6 雑草をカる。 □

前ページの答え
① 更
② 稿
③ 強
④ 占

092 同音・同訓異字 答え

1 依
2 維
3 途
4 渡
5 駆
6 刈

解説

1「衣頼」としないように注意する。「依」は「よりかかる」という意味の漢字。

2「繊」は「細い」、「維」は「つな・ひも」という意味。

3「使途」は「使い道」という意味。「途」には「道」という意味がある。

4「譲渡」は譲り渡すという意味なので、「渡」。

5 馬や車などを速く走らせるときは「駆る」を使う。

6 草や髪など、生えているものを切り取るときは「刈る」を使う。

この——線の部分も漢字で書いてみよう

① 自己紹**カイ**
② 懲**カイ**処分になる
③ 芽を**ツ**む
④ 荷物を**ツ**む

難易度 ●●○

093 同音・同訓異字

次の――線のカタカナを漢字に直しなさい。

□1 血液の循**カン**。
□2 チームの**カン**督。

□3 昔の事件に酷**ジ**している。
□4 **ジ**養のある食物。

□5 川に**ソ**って歩く。
□6 贈り物に花を**ソ**える。

前ページの答え

① 介
② 戒
③ 摘
④ 積

093
同音・同訓異字
答え

1 環
2 監
3 似
4 滋
5 沿
6 添

解説

1 「循環」とは「ひとめぐりしてもとへ戻ることを繰り返す」ことなので、「輪」という意味をもつ「環」。
2 「監」には「見張る」という意味がある。
3 「酷似」は、非常によく似ていること。「ジ」は「似」の音読み。
4 「滋」には、「栄養になる・育つ」という意味がある。形の似ている「慈」は、「愛情をかける」という意味。
5 「長く続いているものから離れないようにつき従う」の意味のときは「沿う」。
6 「そばに付け加える」の意味のときは「添える」。

この――線の部分も漢字で書いてみよう

① **ボン**庸な作品
② **ボン**栽の手入れ
③ 判を**オ**す
④ 彼を委員長に**オ**す

難易度 ●●○

094 誤字訂正

次の各文には間違って使われている同じ読みの漢字が一字ある。誤字と正しい漢字を答えなさい。

□1 炎天下での作業によって熱中症になり、救急搬走される人が増加した。

□2 個人消費の喚起と地域の振効を図るため、市内共通商品券を発行する。

□3 消費税率引き上げが、小銭が不要の電子マネーの普究に拍車をかける。

前ページの答え

① 凡
② 盆
③ 押
④ 推

094 誤字訂正 答え

1 走→送
2 効→興
3 究→及

解説

1 救急車が「走」って運ぶ様子が頭に浮かぶので紛らわしいが、「搬送」は荷物などを運び送ることなので、「送」が正しい。「搬」を「般」と間違えやすいので、こちらも注意する。

2 「振興」は、物事を盛んにすること。「興」には「おこす」という意味がある。「興業」「再興」などの「興」も「おこす」の意味。

3 「普及」は、すみずみまで広く行き渡ること。「普」は「あまねく」、「及」は「行き渡る」という意味がある。

この文の誤字も直してみよう

① ドラマの撮映
② 知療に専念する
③ 体重を依持する
④ 大会で活役する

難易度 ●●○

095 誤字訂正

次の各文には間違って使われている同じ読みの漢字が一字ある。誤字と正しい漢字を答えなさい。

□1 高校球児として一躍客光を浴びた当時の思いを赤裸々に語り共感を得た。

□2 通信機能を搭採した子供向けモバイル機器の第一弾が発売された。

□3 海鳥が海岸沿いの急斜面に穴を掘って巣を作り、集団煩殖していた。

前ページの答え

① 映→影
② 知→治
③ 依→維
④ 役→躍

095 誤字訂正 答え

1 客→脚

2 採→載

3 煩→繁

解説

1「脚光」とは、舞台の前面の床に並んでいる、出演者を足元から照らす照明のこと。「脚光を浴びる」で、「世間に注目される」という意味を表す。「客」から浴びる光ではない。

2「搭載」とは、船や自動車、飛行機などに物資を積み込むことであり、「搭」も「載」も「のせる」という意味の漢字。機器などに装備や機能を組み込む意味にも使われる。

3「繁殖」は、動物や植物が生まれて殖えること。「繁」には「栄える・多くなる」の意味がある。

この文の誤字も直してみよう

① 影況を受ける　② 道具を苦使する

③ 地方を居点とする　④ 工場を閉差する

難易度 ●●○

096 誤字訂正

次の各文には間違って使われている同じ読みの漢字が一字ある。誤字と正しい漢字を答えなさい。

□ **1** 消化酵素では分解されない食物中の成分のことを食物織衣という。

□ **2** 相手の弱みにつけこむような悪質な頒売手法をとる業者が摘発された。

□ **3** 今季の成績不振から辞意を表明していた官督が翻意し、続投が決まった。

前ページの答え

① 況→響
② 苦→駆
③ 居→拠
④ 差→鎖

096
誤字訂正
答え

1 衣↓維
2 頒↓販
3 官↓監

解説

1「繊維」とは、細い糸状の物質のこと。「繊」も「維」もいとへんの漢字であることからも、糸に関係する言葉であることがわかる。「衣」も糸に関係がある漢字なので紛らわしいが、注意すること。
2「販」は「品物を売る」という意味の漢字。「頒」は「くばる」という意味の漢字。
3「監」も「督」も「見張って取り締まる」という意味。「監」には、「鑑」など、形が似ていて同じ読み方をする漢字がいくつかあるので、書くときも間違えないように注意が必要。

この文の誤字も直してみよう

① 親に威存する
② 資防分の多い食事
③ 記録を恒新する
④ 後契者不足だ

097 送りがな

難易度 ●●○

次の――線のカタカナを漢字一字と送りがな（ひらがな）に直しなさい。

□1 オソラク連絡は来ないだろう。

□2 ナゲカワシイことだ。

□3 ハジラウ気持ち。

□4 カーテンをスカシて見る。

□5 日がカタムク。

前ページの答え
① 威→依
② 資→脂
③ 恒→更
④ 契→継

097 送りがな 答え

1 恐らく
2 嘆かわしい
3 恥じらう
4 透かし
5 傾く

解説

1 「恐らく」は副詞だが、動詞「恐れる」と同じように送る。形容詞「恐ろしい」も同様。
2 「嘆かわしい」は形容詞だが、動詞「嘆く」と同じように送る。
3 「恥じらう」は、「恥じる」と同じように送る。ただし、名詞「恥（はじ）」には、送りがながつかないので注意。「恥じをかいた」などと書かないように。
4 「透かす」は「透く」と同じように送る。
5 「傾く」は、活用語尾「く」を送る。「傾むく」と書き間違えやすいので注意が必要。

この――線の部分も漢字と送りがなで書いてみよう

① 金属を**フクム**　② 耳を**スマス**
③ 言葉を**ニゴス**　④ 話が**ハズム**

難易度 ●●○

098 送りがな

次の――線のカタカナを漢字一字と送りがな（ひらがな）に直しなさい。

□1 頭がニブル。

□2 カガヤカシイ成績を収めた。

□3 タノモシイ青年だ。

□4 無駄遣いをイマシメル。

□5 思い出にヒタル。

前ページの答え

① 含む
② 澄ます
③ 濁す
④ 弾む

098 送りがな 答え

1 鈍る
2 輝かしい
3 頼もしい
4 戒める
5 浸る

解説

1「鈍る」は、活用語尾「る」を送る。形容詞「鈍い」も、同様に活用語尾「い」を送る。

2「輝かしい」は形容詞だが、動詞「輝く」と同じように送る。

3「頼もしい」は形容詞だが、動詞「頼む」と同じように送る。「頼」には「たよ-る」という訓読みもある。

4「戒める」は、活用語尾「める」を送る。「戒しめる」と書き間違えやすいので注意が必要。

5「浸る」は、活用語尾「る」を送る。「浸す」も、同様に「す」を送る。

この——線の部分も漢字と送りがなで書いてみよう

① 影響を**オヨボス**
② **メズラシイ**動物
③ **アザヤカナ**色彩
④ 水で**ウスメル**

難易度 ●●○

099 送りがな

次の――線のカタカナを漢字一字と送りがな（ひらがな）に直しなさい。

□1 衣類を**タタム**。

□2 これまでの経緯を**フマエル**。

□3 子供を**アマヤカス**。

□4 ロボットを**アヤツル**。

□5 **ホコラシイ**気持ち。

前ページの答え
① 及ぼす
② 珍しい
③ 鮮やかな
④ 薄める

099 送りがな 答え

1 畳む
2 踏まえる
3 甘やかす
4 操る
5 誇らしい

解説

1「畳む」は、活用語尾「む」を送る。ただし、名詞「畳（たたみ）」には、送りがなはつかない。「畳みの部屋」などと書かないように。

2「踏まえる」は「踏む」と同じように送る。

3「甘やかす」は「甘い」「甘える」と同じように送る。

4「操る」は、活用語尾「る」を送る。「操つる」と書き間違えやすいので注意が必要。

5「誇らしい」は形容詞だが、動詞「誇る」と同じように送る。

この——線の部分も漢字と送りがなで書いてみよう

① 柱が**クチル**
② 隣が**サワガシイ**
③ 返答を**セマル**
④ 力が**オトル**

難易度 ●●○

100 漢字の書き取り

次の――線のカタカナを漢字に直しなさい。

□1 ビンワンをふるう。

□2 大ヒットしたカヨウ曲だ。

□3 疑いに対しシャクメイする。

□4 川に沿ってツツミを築く。

□5 毛糸をクる。

前ページの答え

① 朽ちる
② 騒がしい
③ 迫る
④ 劣る

100 漢字の書き取り 答え

1 敏腕
2 歌謡
3 釈明
4 堤
5 繰

解説

1「敏腕」とは、物事を正確にてきぱきと処理する力があること。

2「歌」も「謡」も「うた」という意味。「謡」は「揺」と形が似ていて音読みが同じなので注意する。

3「釈明」とは、非難や誤解などに対して、自分の立場や考えを説明して理解を求めること。

4「堤」とは、水があふれないように、岸に沿って土を高く盛り上げたもの、つまり、「堤防」のこと。

5「繰る」には、「細長いものをたぐる・順に数える・ページを順にめくる」などの意味がある。

この――線の部分も漢字で書いてみよう

① 論文を**シッピツ**する
② 周囲を**ケイカイ**する
③ 言動に疑問を**イダ**く
④ **イナズマ**が走る

難易度 ●●○

101 漢字の書き取り

次の――線のカタカナを漢字に直しなさい。

□1 爆発のシュンカンを撮る。

□2 セイギョがきかない。

□3 フハイした政治。

□4 シバイをみる。

□5 表情がクモる。

前ページの答え

① 執筆

② 警戒

③ 抱

④ 稲妻

101 漢字の書き取り 答え

1 瞬間
2 制御
3 腐敗
4 芝居
5 曇

解説

1 「瞬」の左側は「目」。「日」と書かないように注意する。
2 「制御」は、自分の意のままにすること、または、機械などを操作すること。「御」は、「天下御免」の形で、「四字熟語」で出題されている。
3 「腐敗」は、「堕落」の意味でも使われる。「腐敗堕落」が「四字熟語」で出題されている。
4 「芝居」は、もとは芝生に設けた見物席のことを言ったが、のちに、演劇や役者の演技を指すようになった。
5 「雲る」ではないので注意する。

この――線の部分も漢字で書いてみよう

① **キュウカ**をとる
② 平和を**キネン**する
③ 頭を横に**フ**る
④ **サワ**登りをする

難易度 ●●○

102 漢字の書き取り

次の――線のカタカナを漢字に直しなさい。

□ 1 大会クッシの選手。

□ 2 人がいたケイセキがある。

□ 3 ロボウに咲く小さな花。

□ 4 品物の手配をタノむ。

□ 5 モノゴシが柔らかだ。

前ページの答え

① 休暇

② 祈念

③ 振

④ 沢

102 漢字の書き取り 答え

1 屈指
2 形跡
3 路傍
4 頼
5 物腰

解説

1「屈指」とは、多くの中でも特に指を折って数え上げられるほど、優れているということ。「指折りの大企業」の「指折り」も同じ意味。

2「形跡」とは、物事が行われたことを示す、はっきりした跡のこと。

3「路傍」とは、「道路の傍ら」、つまり、道端のこと。

4「頼る」の形も、「漢字の書き取り」の問題として頻繁に出題されている。

5「物腰」とは、言葉遣いや身のこなし、人に接する態度のこと。

この――線の部分も漢字で書いてみよう

① **シャセン**を引く
② 小説を**キャクショク**する
③ **ヒマ**を持て余す
④ **ミネ**が連なる

難易度 ●●○

103 漢字の書き取り

次の――線のカタカナを漢字に直しなさい。

□1 自分の力をコジする。

□2 ツウレツに批判する。

□3 トウトツに話し出す。

□4 ノキナみ値上げした。

□5 スープがニツまる。

前ページの答え

① 斜線
② 脚色
③ 暇
④ 峰

103
漢字の書き取り
答え

1 誇示
2 痛烈
3 唐突
4 軒並
5 煮詰

解説

1「誇示」とは、誇らしげに示すこと。同音異義語の「固辞」や「固持」と間違えないように。「固辞」は、固く辞退すること。「固持」は、固く持ち続けて変えないこと。
2「痛烈」とは、非常に激しいこと。
3「唐突」とは、前触れもなく不意に行うこと。
4「軒並み」とは、軒の並び、または、並んでいる一軒一軒のことだが、「どれもこれも」という意味で使うのが一般的。
5「煮詰まる」とは、煮て水分が少なくなること。または、十分に議論などをして結論が出る状態になること。

この――線の部分も漢字で書いてみよう

① **カンルイ**にむせぶ
② カンガルーの**チョウヤク**
③ **イク**らかのお金
④ **オモムキ**のある庭

難易度 ●●○

104 漢字の書き取り

次の――線のカタカナを漢字に直しなさい。

□1 逸材がハイシュツした学校。

□2 シンミョウな面持ち。

□3 道路がホソウされる。

□4 不安にオソわれる。

□5 シャツをカゲボしにする。

前ページの答え

① 感涙

② 跳躍

③ 幾

④ 趣

104 漢字の書き取り 答え

1 輩出
2 神妙
3 舗装
4 襲
5 陰干

解説

1 「輩出」とは、優れた人物が続々と世に出ること。同音異義語の「排出」と間違えないように注意する。
2 この場合の「神妙」は、素直でおとなしいという意味。他に、人知を超越した不思議なことという意味もある。
3 「舗装」とは、コンクリートやアスファルトなどで路面を固めること。「舗」には「敷きつめる」という意味がある。
4 「襲」は、衣服に関係のある意味を表したので、部首は「衣」。のちに、「不意に攻める」という意味になった。
5 「陰干し」とは、洗濯物などを日陰で乾かすこと。

この――線の部分も漢字で書いてみよう

① 昨夜の**シュウシン**時間
② 機材の**ハンニュウ**
③ 危機が**セマ**っている
④ 家族は**ミナ**元気だ

105 漢字の書き取り

難易度 ●●○

次の――線のカタカナを漢字に直しなさい。

□1 川のテイボウ。

□2 イセイのいい青年。

□3 税金をチョウシュウする。

□4 シーツをシく。

□5 事をアラダてる。

前ページの答え

① 就寝
② 搬入
③ 迫
④ 皆

105 漢字の書き取り 答え

1 堤防
2 威勢
3 徴収
4 敷
5 荒立

解説

1「堤」を、形の似ている「提」と間違えないように注意すること。

2「威勢」とは、活気や勢いがあること、または、人を威圧し従わせる力のこと。後者は「遺跡から当時の権力者の威勢がしのばれる」のように使う。

3「徴収」とは、金銭などを取り立てること。「徴」には「取り立てる」という意味がある。

4「敷」は、左側の部分の点を書き忘れないように注意。

5「荒立てる」とは、物事をもつれさせて面倒にするという意味。

この──線の部分も漢字で書いてみよう

① **ハイリヨ**に欠ける
② 町が**ハンエイ**する
③ 白い息を**ハ**く
④ 大声で**サケ**ぶ

ちょっと休憩 6

熟語を探せ！

①

（　）のように対義語となる熟語をあと六組探し、余った漢字を組み合わせて二字熟語を作りなさい。（一つのマスは一度しか使えない）

酷	黒	重	厚	存
評	漆	油	断	続
好	調	暗	絶	賛
汚	戒	浄	清	薄
濁	警	白	純	軽
明	不	振	止	廃

対義語

存続 ↔ 廃止　　□□ ↔ □□

□□ ↔ □□　　□□ ↔ □□

□□ ↔ □□　　□□ ↔ □□

□□ ↔ □□

二字熟語

□□

答えは286ページ

②

次は四字熟語を探す問題。⬭のように、四字熟語があと十三個隠れています。
その四字熟語を探し、余った漢字を組み合わせてできる四字熟語を答えなさい。
（一つのマスは何度使ってもよい）

言	語	道	断	優	勝
行	一	致	不	柔	劣
雲	網	無	横	縦	敗
流	打	尽	行	異	口
水	紫	山	同	小	同
明	公	願	大	賞	音
正	晩	成	就	後	楽
大	器	功	先	憂	論

四字熟語

第七章

超難問！

ここでは、難しい問題を集めました。
どれだけ解けるか挑戦してください。
スラスラ解けたら、合格間違いなしです。

難易度 ●●●

106 漢字の読み

次の――線の漢字の読みを答えなさい。

□1 生産量が逓減する。

□2 同盟罷業が回避される。

□3 寡聞にして存じません。

□4 読むに堪える。

□5 糸を手繰る。

244ページの答え

① 配慮
② 繁栄
③ 吐
④ 叫

106 漢字の読み 答え

1 ていげん
2 ひぎょう
3 かぶん
4 た
5 たぐ

解説

1「逓」は「次々に送り伝える・次第に」という意味で、「逓減」は「次第に減ること」。

2「罷業」は「仕事をしないこと」。「同盟罷業」は「ストライキ」のこと。

3「寡聞」は、自分の見聞の狭さを謙遜して言う言葉。

4「堪える」は「こら-える・こた-える」とも読むが、常用漢字表にはない読み方なので、準2級では出題されない。

5「手」を「た」と読む言葉では、「手《た》向《む》ける」「手《た》綱《づな》」なども出題されるので、覚えておく。

この漢字も読んでみよう

①疎略 ②更迭 ③下肢 ④急逝
⑤韻律 ⑥泰斗 ⑦甚だ ⑧弔う

難易度 ●●●

107 漢字の読み

次の――線の漢字の読みを答えなさい。

□1 苦衷を察する。

□2 定款を作成する。

□3 悪事が露顕する。

□4 お言葉を賜る。

□5 大雨になる虞がある。

前ページの答え

①そりゃく
②こうてつ
③かし
④きゅうせい
⑤いんりつ
⑥たいと
⑦はなは
⑧とむら

107 漢字の読み 答え

1 くちゅう
2 ていかん
3 ろけん
4 たまわ
5 おそれ

解説

1「苦衷」は「苦しい心の中」。「漢字の読み」の問題として、「衷心《ちゅうしん》」「折衷《せっちゅう》」も出題されている。
2「定款」は、会社、公益法人、協同組合などの目的・組織・活動などを定めた基本規則のこと。
3「露見」とも書く。「顕」は「明らかになる」という意味。「顕在《けんざい》」「顕著《けんちょ》」も出題されている。
4「賜る」は、目上の人が下の者に「くださる」、または、下の者が目上の人から「いただく」こと。
5「虞」は「恐れ」とも書く。また、「畏れ」の場合は、神仏や年長者などに対して敬いかしこまる気持ちを表す。

この漢字も読んでみよう

①漸進　②粛然　③須価　④禅譲
⑤軽侮　⑥拙劣　⑦諮る　⑧矢面

難易度 ●●●

108

部首

次の漢字の部首を答えなさい。

1 升 □

2 凸 □

3 丙 □

4 爵 □

5 喪 □

前ページの答え

① ぜんしん
② しゅくぜん
③ はんか
④ ぜんじょう
⑤ けいぶ
⑥ せつれつ
⑦ はか
⑧ やおもて

108
部首
答え

1 十
2 凵
3 一
4 爫
5 ロ

解説

1「升」は、ひしゃくで物をすくいあげる様子を表した漢字。「卑」「卓」なども同じ部首に分類される。

2「凸」は、物の中央が突き出ている形にかたどった漢字。反対の意味の「凹」も、部首は「凵（うけばこ）」。

3「甲乙丙」の「丙」で、干支《えと》の十干《じっかん》の三番目。部首は「一（いち）」に分類される。

4「爵」は、古代のさかずきの形にかたどった漢字。古代中国では、さかずきを受ける順番は位に関係があったので、位を表す漢字となった。

5「衣」としないように注意。部首は「ロ（くち）」。

この漢字の部首も答えよう

①斉 ②雇 ③奔 ④疑
⑤翁 ⑥致 ⑦臭 ⑧釈

難易度 ●●●

109

部首

次の漢字の部首を答えなさい。

1 □ 嗣

2 □ 亜

3 □ 瓶

4 □ 再

5 □ 甚

前ページの答え

① 斉
② 隹
③ 大
④ 疋
⑤ 羽
⑥ 至
⑦ 自
⑧ 釆

109
部首 答え

1 口
2 二
3 瓦
4 冂
5 甘

解説

1 「嗣」は、「受け継ぐ・跡継ぎ」という意味。
2 「亜」は、古代の住居の形にかたどった漢字と言われる。部首は「二（に）」に分類。「互」「井」もこの部首。
3 部首名は「かわら」。土器の形にかたどって作られたとも、瓦を重ねた形にかたどって作られたとも言われる。
4 部首名は「どうがまえ・けいがまえ・まきがまえ」。
5 部首名は「かん・あまい」。「甚」は、「甘（楽しみ）」と「匹（夫婦）」を合わせて「夫婦の楽しみ」という意味を表し、ここから「はなはだ」という意味になったという説がある。

この漢字の部首も答えよう

①且 ②既 ③丹 ④竜
⑤辱 ⑥弔 ⑦戒 ⑧呉

難易度 ●●●

110 熟語の構成

あとの熟語は、次の熟語の構成ア〜オのどれにあたるか。

ア 同じような意味の漢字を重ねたもの
イ 反対または対応の意味を表す字を重ねたもの
ウ 上の字が下の字を修飾しているもの
エ 下の字が上の字の目的語・補語になっているもの
オ 上の字が下の字の意味を打ち消しているもの

□1 親疎
□2 恭順
□3 渉外
□4 弾劾
□5 頒価

前ページの答え
① 一 ② 无 ③ 丶 ④ 竜 ⑤ 辰 ⑥ 弓 ⑦ 戈 ⑧ 口

110
熟語の構成
答え

1 イ
2 ウ
3 エ
4 ア
5 ウ

解説

1 「疎」には「親しくない」という意味があるので、「親疎」は反対の意味の漢字の組み合わせ。

2 「恭」は「うやうやしい」、「順」は「したがう」で、「恭順」は「うやうやしく従う」という意味。

3 「渉」は「かかわる」という意味で、「渉外」は「外部とかかわる」という意味。

4 「弾」には「罪を責める」という意味があり、「劾」も「罪をあばく」という意味がある。

5 「頒」は「分ける」という意味。「頒価」は、品物を分けるときの価格のこと。

この熟語の構成も記号で答えよう

① 罷免　② 貴賓　③ 折衷　④ 孤塁
⑤ 忍苦　⑥ 披露　⑦ 任免　⑧ 未了

難易度 ●●●

111 熟語の構成

あとの熟語は、次の熟語の構成ア〜オのどれにあたるか。

ア 同じような意味の漢字を重ねたもの
イ 反対または対応の意味を表す字を重ねたもの
ウ 上の字が下の字を修飾しているもの
エ 下の字が上の字の目的語・補語になっているもの
オ 上の字が下の字の意味を打ち消しているもの

□1 殊勲

□2 紡績

□3 衆寡

□4 随意

□5 賠償

前ページの答え

①ア ②ウ ③エ ④ウ ⑤エ ⑥ア ⑦イ ⑧オ

111 熟語の構成 答え

1 ウ
2 ア
3 イ
4 エ
5 ア

解説

1「殊」は「特に優れている」という意味で、「殊勲」は「特に優れた勲功」のこと。

2「紡」も「績」も「つむぐ」という意味なので、「紡績」は同じような意味の漢字の組み合わせ。

3「衆」は「人数が多いこと」で、「寡」は「少ないこと」。

4「随」には「したがう」という意味があるので、「随意」は「意にしたがう」、つまり、「思うまま」という意味。

5「賠」も「償」も「つぐなう」という意味なので「賠償」は同じような意味の漢字の組み合わせ。

この熟語の構成も記号で答えよう

① 奨学 ② 早晩 ③ 無窮 ④ 融解
⑤ 甲殻 ⑥ 克己 ⑦ 懇請 ⑧ 逓減

難易度 ●●●

112 四字熟語

次の四字熟語について、あとの□のひらがなを漢字にして、□に入れなさい。また、下から意味を選んで記号を答えなさい。

□1 和敬清□

□2 堅忍不□

□3 比□連理

□4 金□湯池

じゃく・じょう・ばつ・よく

ア 守りが固く、他の勢力が入り込めない範囲。

イ 夫婦の仲がむつまじいこと。

ウ 茶道で重んじる精神を表した言葉。

エ じっと我慢して、どんなことにも心を動かさないこと。

前ページの答え

① エ ② イ ③ オ ④ ア ⑤ ア ⑥ エ ⑦ ウ ⑧ ウ

112 四字熟語 答え

1 寂・ウ
2 抜・エ
3 翼・イ
4 城・ア

解説

1「わけいせいじゃく」と読む。「和敬」は、主人と客が和やかに敬い合うこと。「静寂」は、茶室や茶道具を清浄に保つこと。

2「堅忍」は、じっと耐えること。「不抜」は、意志を強くもち、動揺しないこと。

3「比翼」とは「比翼の鳥」のことで、雄と雌が常に一体となって飛ぶ伝説の鳥。「連理」とは「連理の枝」のことで、二本の木から出た枝が一つになったという説話から。

4「きんじょうとうち」と読む。金でできた城と、熱湯をたたえた堀のこと。

この四字熟語の□に入る漢字も答えよう

① 気炎万□《きえんばんじょう》　② 深山幽□《しんざんゆうこく》　③ 換□奪胎《かんこつだったい》
④ 南□北馬《なんせんほくば》　⑤ 軽□妄動《けいきょもうどう》　⑥ 色即□空《しきそくぜくう》

難易度 ●●●

113 四字熟語

次の四字熟語について、あとの［　］のひらがなを漢字にして、□に入れなさい。また、下から意味を選んで記号を答えなさい。

1 □下照顧

2 生殺□奪

3 気□壮大

4 多岐□羊

う・きゃっ・ぼう・よ

ア 心構えや度量が人並み外れていること。

イ 他に理屈を言う前に自分をよく省みよということ。

ウ 学問の道が細分化しすぎて、真理が見失われがちになること。

エ 他人を思いのままにすること。

前ページの答え

①丈 ②谷 ③骨 ④船 ⑤挙 ⑥是

113 四字熟語 答え

1 脚・イ
2 与・エ
3 宇・ア
4 亡・ウ

解説

1「きゃっかしょうこ」と読む。「自分の足下をよく見よ」ということ。禅家の言葉で、自分の生活の見直しや反省を促している。

2「せいさつよだつ」と読む。生かしたり殺したり、与えたり奪ったりすることが思いのままであること、つまり、絶大な権力をもっているということ。

3「きうそうだい」と読む。「気宇」とは、心構えや度量のこと。

4 枝道が多すぎて（多岐）、逃げた羊を見失った（亡羊）という故事から。

この四字熟語の□に入る漢字も答えよう

① 率《そっ》先《せん》垂《すい》□《はん》
② 禍《か》□《ふく》得《とく》喪《そう》
③ 明《めい》鏡《きょう》□《し》水《すい》
④ 円《えん》転《てん》滑《かつ》□《だつ》
⑤ 鯨《げい》飲《いん》□《ば》食《しょく》
⑥ 妙《みょう》計《けい》□《き》策《さく》

難易度 ●●●

114 対義語・類義語

次の言葉の対義語・類義語を□から選んで、漢字に直しなさい。

●対義語

□ 1 暫時

□ 2 諮問

●類義語

□ 3 座視

□ 4 昼寝

こうきゅう
ごすい
とうしん
ぼうかん

前ページの答え

① 範 ② 福 ③ 止 ④ 脱 ⑤ 馬 ⑥ 奇

114 対義語・類義語 答え

1 恒久
2 答申
3 傍観
4 午睡

解説

1「暫時」は、「しばらくの間」という意味。「暫」には「しばらく」という意味がある。「恒久」は、長く変わらないこと。

2「諮問」は、意見を尋ね求めること。「答申」は、意見を申し述べること。「諮問」は、行政側が一定の機関に意見を求める場合に使うことが多い。

3「座視」は、そばで黙って見ているだけで、何もしないこと。

4「午睡」の「午」は、昼の十二時の前後約一時間を指す言葉なので、「午睡」も「昼寝」のこと。

この熟語の対義語・類義語も漢字に直してみよう

①恭順↕□　②堕落↕□　③抵当＝□　④火急＝□

（こうせい・せっぱく・たんぽ・はんこう）

難易度 ●●●

115 対義語・類義語

次の言葉の対義語・類義語を□から選んで、漢字に直しなさい。

●対義語

□1 召還

□2 秘匿

●類義語

□3 脅迫

□4 干渉

いかく
かいにゅう
ばくろ
はけん

前ページの答え

① 反抗
② 更生
③ 担保
④ 切迫

115 対義語・類義語 答え

1 派遣
2 暴露
3 威嚇
4 介入

解説

1「召還」は、呼び戻すこと。特に、海外に派遣した使節や外交官を本国に呼び戻すこと。同音異義語の「召喚」は、官庁や裁判所が出頭を命じること。

2「秘匿」は、秘密にして隠しておくこと。「暴露」は、秘密をあばいて、明るみに出すこと。

3「脅迫」も「威嚇」も、おどしつけること。「脅迫」は、同音異義語の「強迫（無理強いすること）」と区別して覚えること。

4「干渉」も「介入」も、当事者以外の者が立ち入って口を出したり、自分の意見を押し付けたりすること。

この熟語の対義語・類義語も漢字に直してみよう

①罷免↕□　②冗漫↕□　③踏襲＝□　④上申＝□
（かんけつ・けいしょう・しんげん・にんめい）

難易度 ●●●

116 同音・同訓異字

次の――線のカタカナを漢字に直しなさい。

□1 新人をカン誘する。
□2 遺カンの意を表明する。
□3 訴ショウを起こす。
□4 学歴の詐ショウ。
□5 肩がコる。
□6 失敗にコりずに挑戦する。

前ページの答え
① 任命
② 簡潔
③ 継承
④ 進言

116 同音・同訓異字 答え

1 勧
2 憾
3 訟
4 称
5 凝
6 懲

解説

1 「勧」には「すすめる」という意味がある。形の似ている「観」「歓」と区別して覚えること。
2 「憾」は「心残りに思う」という意味。
3 「訟」には「訴える」という意味がある。
4 「詐称」は、氏名・年齢・職業などをいつわって称することなので、「称」。
5 「凝」は、「こる・かたまる」という意味で、音読みは「ギョウ」。形の似ている「擬」（音読みは「ギ」）と間違えやすいので注意する。
6 「懲」は「こらしめる」という意味。

この——線の部分も漢字で書いてみよう

① モウ点をつく
② モウ烈な風雨
③ マッチをスる
④ 新聞をスる

難易度 ●●●

117 同音・同訓異字

次の——線のカタカナを漢字に直しなさい。

□1 別の病気をヘイ発する。
□2 心が疲ヘイする。

□3 地元のソ封家。
□4 ソ借地の返還。

□5 会議の時間をサく。
□6 胸が張りサける思い。

前ページの答え
① 盲
② 猛
③ 擦
④ 刷

117
同音・同訓異字 答え

1 併
2 弊
3 素
4 租
5 割
6 裂

解説

1「併発」とは、同時に二つ以上のことが起こること。
2「疲弊」とは、疲れて弱ること。形の似ている「幣」と区別して覚えること。「幣」には、「通貨」という意味がある。
3「素封家」とは、大金持ち・資産家のこと。「素」は「空しい」、「封」は「領土」の意味で、領地を持っていなくても財産が豊かな人を指した。
4「租借地」とは、他国から借りた土地のこと。
5「一部分を他に使う」の意味のときは「割く」。
6「鋭く切れる」の意味のときは「裂ける」。

この――線の部分も漢字で書いてみよう

① 美の極**チ**
② 愚**チ**を言う
③ 壁に絵を**カ**ける
④ **カ**に刺される

難易度 ●●●

118 誤字訂正

次の各文には間違って使われている同じ読みの漢字が一字ある。誤字と正しい漢字を答えなさい。

□ 1 経年劣化の激しい老旧化マンションと居住者の高齢化が問題となる。

□ 2 選挙活動や人道支援活動に迅力してきた米の俳優が政治家に転身した。

□ 3 速戦力として期待された外国人選手だが、実績を残せず解雇された。

前ページの答え

① 致
② 痴
③ 掛
④ 蚊

118
誤字訂正
答え

1 旧→朽
2 迅→尽
3 速→即

解説

1「老朽」は、古くなって役に立たないこと。「旧」も「古い」という意味なので紛らわしいが、「老いて朽ちる」と覚えておく。

2「迅速に行う」の「迅」と混同して、「迅力」としてしまう書き間違いは多い。「尽力」は、何かのために力を尽くすこと。

3「速」く使える戦力というイメージがあるので、「速」と間違えやすいが、「即」が正しい。「即戦力」とは、準備や訓練などをしなくても、すぐに戦力として使えるもののこと。

この文の誤字も直してみよう

① 情状酌料の余地がある
② 観光客が殺踏した
③ 興奮は最高調に達した
④ 人塊戦術で行った

難易度 ●●●

119 誤字訂正

次の各文には間違って使われている同じ読みの漢字が一字ある。誤字と正しい漢字を答えなさい。

□1 深海底鉱物資源調査のため、大型屈削装置を搭載した調査船が航行する。

□2 恐喝の容疑で逮捕された男が取り調べで依然として黙否を続けている。

□3 古美術品に対する卓越した観識眼は、同業者からも一目置かれている。

前ページの答え

① 料→量
② 踏→到
③ 調→潮
④ 塊→海

119 誤字訂正 答え

1 屈→掘
2 否→秘
3 観→鑑

解説

1 「掘削」は、地面や岩石を掘ったり削ったりすることなので、「屈」ではなく「掘」。「屈」は、「折り曲げる・かがむ」という意味。
2 「黙秘」とは、何も言わず、黙ったままでいること。黙って秘密にしておくので「秘」。否定しているわけではないので「否」ではない。
3 「鑑識」は、ものの本質や価値などを見分けること。犯罪捜査における「鑑識」は、指紋などを科学的に調べること。

この文の誤字も直してみよう

① 臨症試験を行う
② 前後策を練る
③ 衝激を受けた
④ 借金を片代わりする

難易度 ●●●

120 送りがな

次の――線のカタカナを漢字一字と送りがな（ひらがな）に直しなさい。

□1 ご用件をウケタマワル。

□2 休日はモッパラ寝ている。

□3 天をアオグ。

□4 お話をウカガウ。

□5 範囲をセバメル。

前ページの答え

① 症→床

② 前→善

③ 激→撃

④ 片→肩

120
送りがな
答え

1 承る
2 専ら
3 仰ぐ
4 伺う
5 狭める

解説

1「承る」は、活用語尾「る」を送る。「承まわる」「承わる」などと間違えやすいので注意が必要。

2「専ら」は副詞なので、最後の音「ら」を送る。

3「仰ぐ」は、活用語尾「ぐ」を送る。「仰」には、「おーせ」という訓読みもある。

4「伺う」は、活用語尾「う」を送る。「伺がう」と間違えやすいので注意が必要。

5「狭める」は、活用語尾「める」を送る。「狭」には、「せまーい」という訓読みもある。

この――線の部分も漢字と送りがなで書いてみよう

① トップの座を**シメル**
② 罪を**オカス**
③ 力を**タクワエル**
④ 言葉を**ツツシム**

難易度 ●●●

121 送りがな

次の――線のカタカナを漢字一字と送りがな（ひらがな）に直しなさい。

□1 損害をコウムル。

□2 商店街がサビレル。

□3 丁重にアツカウ。

□4 ナゴヤカナ雰囲気。

□5 キタナイやり方。

前ページの答え
① 占める
② 犯す
③ 蓄える
④ 慎む

121 送りがな 答え

1 被る
2 寂れる
3 扱う
4 和やかな
5 汚い

解説

1「被る」は、活用語尾「る」を送る。「被むる」と間違えやすいので注意が必要。
2「寂れる」は、活用語尾「れる」を送る。名詞「寂（さび）」には、送りがなはつかない。
3「扱う」は、活用語尾「う」を送る。「扱かう」と間違えやすいので注意が必要。
4 形容動詞の場合、「か・やか・らか」を含むものは、その部分から送る。「和やかだ」は「やかだ」を送る。
5 形容詞「汚い」は、活用語尾「い」を送る。動詞「汚れる」の場合も、活用語尾「れる」を送る。

この――線の部分も漢字と送りがなで書いてみよう

① 負債を**カカエル**
② 顔を**ソムケル**
③ 難を**ノガレル**
④ 人目に**フレル**

難易度 ●●●

122 漢字の書き取り

次の――線のカタカナを漢字に直しなさい。

□1 数字のラレツでしかない。

□2 地価がボウトウする。

□3 祖父はケンキャクを誇っている。

□4 畑にウネを作る。

□5 簡潔カつ鋭い文章だ。

前ページの答え

① 抱える

② 背ける

③ 逃れる

④ 触れる

122 漢字の書き取り 答え

1 羅列
2 暴騰
3 健脚
4 畝
5 且

解説

1 「羅列」とは、連なり並ぶこと。「羅」には「あみ・あみをめぐらす」という意味がある。

2 「暴騰」とは、物価や株価が急に上がること。「騰」は「あがる」という意味の漢字。形の似ている「謄」は「うつす」という意味で、「謄本」などの熟語がある。

3 「健脚」とは、足が丈夫で、よく歩けること。または、そのような足のこと。

4 「畝」とは、作物を植えつけるために、畑の土を平行に高く盛り上げた所のこと。

5 「且」は「旦」と形が似ているので注意する。

この――線の部分も漢字で書いてみよう

① 仕事の**ホウシュウ**　② **ネング**を納める

③ **タキギ**を拾う　④ **ハナハ**だおかしい

難易度 ●●●

123 漢字の書き取り

次の――線のカタカナを漢字に直しなさい。

□1 独裁者にレイゾクする。

□2 キュウチに陥った。

□3 野次とドゴウが飛び交った。

□4 学費を自分でマカナう。

□5 シグレが降る。

前ページの答え

① 報酬
② 年貢
③ 薪
④ 甚

123 漢字の書き取り 答え

1 隷属
2 窮地
3 怒号
4 賄
5 時雨

解説

1「隷属」とは、他の支配を受けて言いなりになること。「隷」には「しもべ・従う」という意味がある。
2「窮地」とは、逃げようのない苦しい立場のこと。「窮」には「行き尽くす・きわまる」という意味がある。
3「怒号」とは、怒って大声で叫ぶこと。また、その声を指す。「号」には「大声をあげる」という意味がある。
4「賄う」とは、「食事を出す・調達する」という意味。
5 訓読みの中でも、漢字一字にではなく熟語に訓を当てたものを熟字訓という。「時雨」とは、秋の末から冬の初めにかけて、短時間だけ降る雨のこと。

この――線の部分も漢字で書いてみよう

① **ジンソク**な対応
② 敵を**イカク**する
③ **イオウ**のにおい
④ **ホコサキ**を向ける

ちょっと休憩 7

パズルの答え

33・34ページ　共通する部首は？

A 穴（窃・窒・突・究）　B 飠（飯・飽・飲・飼）　C 頁（願・頻・順・額）
D 疒（疲・痢・痘・疾）　E 辶（透・迭・遵・道・逝・迷）

61・62ページ　「強」敵に挑む！

A ごうじょう　B おこわ　C ゆす（る）・ねだ（る）
D きょうりょく・ごうりき　E こわも（て）　F きょうけん　G つよごし
H あなが（ち）　I したた（か）　J むりじ（い）　K こわ（らか）

89・90ページ　難読語しりとり

A 居候（いそうろう）　B 産声（うぶごえ）　C 壊死（えし）　D 時化（しけ）
E 健気（けなげ）　F 知己（ちき）　G 肌理（きめ）　H 目処（めど）
I 土砂（どしゃ）

129・130ページ　間違いはどれ？

A　貨→科　B　晴→青　C　短→単　D　古→故　E　化→嫁
F　我→画　G　対→体　H　発→髪　I　夢→霧　J　気→機

181・182ページ　熟語パズル

空前絶後・不言実行
（181ページ中段より　前・言・絶・行・空・後・不・実）

245・246ページ　熟語を探せ！

❶（対義語）重厚↕軽薄・漆黒↕純白・絶賛↕酷評・油断↕警戒
好調↕不振・清浄↕汚濁
（二字熟語）明暗

❷ 論功行賞
（言語道断・優勝劣敗・優柔不断・行雲流水・一網打尽・縦横無尽・異口同音
大同小異・山紫水明・公明正大・大願成就・大器晩成・先憂後楽）

284ページの答え　①迅速　②威嚇　③硫黄　④矛先

祥伝社黄金文庫

大人《おとな》の漢字力《かんじりょく》

平成27年2月10日　初版第1刷発行

監　修　やくみつる
編　著　「大人の漢字力」編集部
発行者　竹内和芳
発行所　祥伝社《しょうでんしゃ》
〒101－8701
東京都千代田区神田神保町3－3
電話　03（3265）2084（編集部）
電話　03（3265）2081（販売部）
電話　03（3265）3622（業務部）
http://www.shodensha.co.jp/
印刷所　堀内印刷
製本所　ナショナル製本

　ISBN978-4-396-31656-3 C0195

祥伝社黄金文庫

神辺四郎
漢字の名人
誤用・誤読で恥をかかないために

日常生活で用いられる、いわば日本語表現の「決まり文句」で、誤用、誤読しがちなものを徹底網羅。

神辺四郎
二代目・漢字の名人
〈上級編〉誤用・誤読で恥をかかない

間違って覚えたまま、人前で得々と話して恥をかかないために。ベストセラー『漢字の名人』の第二弾！

大淵幸治
京都人の知恵
雅《みやび》でこわい日本語

「ぶぶ漬け」、「あかんたれ」、「一見さんお断り」――京ことばに秘められた巧妙な言語戦略を知る。

山岸弘子
敬語の達人
クイズでわかるあなたの勘違い

オフィスは間違い敬語でいっぱい！電話、会議、手紙……正しい知識がクイズ形式で楽しく身につく！

柚木利博
読める漢字　書けない漢字

「チクジ刊行」は逐次？　逐時？「頒布」の読みは？　漢字で恥をかきたくない人、必読の一冊。

藁谷久三
遊んで強くなる
漢字の本

ズバリ読解、スラスラ筆記……日常生活の必須語から、難解語、珍語まで――生きた漢字が知らずに身につく。